JUNA

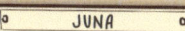

ELVA

MARIE

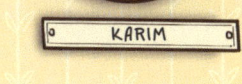

KARIM

Die Waldwandler

Alexandra Fabisch wurde 1979 in Magdeburg geboren, ist verheiratet und hat zwei Kinder. Sie studierte Humanmedizin, war Beraterin bei McKinsey, dann Ärztin und wissenschaftliche Mitarbeiterin am Uniklinikum Hamburg Eppendorf. *Waldwandler* ist das erste Abenteuer von Juna. Der zweite Band erscheint im Herbst 2023.

Angela Gstalter studierte zunächst Modedesign in Berlin, wechselte dann in die Grafik und arbeitete für einige Jahre in einer Werbeagentur. Heute lebt sie mit ihrer Familie in der Nähe von Heidelberg und hat sich mit dem selbständig gemacht, was sie am allerliebsten tut, dem Illustrieren von Kinder- und Jugendbüchern.

WALD
ALEXANDRA FABISCH
WANDLER

Mit Bildern von
Angela Gstalter

Thienemann

Ferien am Ende der Welt

»Ich freue mich drauf, Elva zu besuchen.« Juna packte ihren Kompass in die Reisetasche. Mitten im Nirgendwo, wo ihre Großtante wohnte, brauchte man so was bestimmt.

Ihre Mutter reichte ihr eine Packung Pflaster und sah sie ernst an. »Aber du gehst nicht allein in den Wald, okay?«

Juna verdrehte heimlich die Augen. Wie oft sie sich das schon anhören musste. »Natürlich nicht«, versicherte sie und drückte ihre Mutter ganz fest. »Ich hab dich lieb.«

Die lächelte und küsste Juna auf den Scheitel. »Ich dich auch, kleine Apfelblüte.«

Juna vergrub ihr Gesicht in der weichen Strickjacke

ihrer Mutter. Sie war mit Rosen bestickt und duftete nach Veilchen. Plötzlich mischte sich in ihre Abenteuerlust eine Prise Traurigkeit. Sie würde ihre Mum vermissen. Die flog morgen nach Amerika, wo sie in einem berühmten Labor Krebszellen erforschen wollte. Junas Mutter war nämlich Ärztin. Sechs Wochen würde sie weg sein, die ganzen Sommerferien über. Ob Juna das wohl aushielt? Noch nie war sie für so lange Zeit von ihrer Mutter getrennt gewesen. Die beiden waren ein eingeschworenes Team. Denn Juna hatte sonst niemanden. Ihre Großeltern waren lange vor ihrer Geburt bei einer Klettertour in den Bergen abgestürzt. Von ihrem Vater wusste sie nichts:

Es gab kein Bild, nicht einmal einen Namen. Er war so unsichtbar, dass Juna manchmal glaubte, sie wäre aus Blütenstaub entstanden. Die Einzige, die noch zu ihrer Familie gehörte, war ihre Großtante Elva. Sie war Biologin und arbeitete auf einer Forschungsstation hoch im Norden, wo die Bäume bis in die Himmel wuchsen und selbst die Luft grün schimmerte. Jedenfalls stellte Juna sich das so vor. Aber sie war noch nie dort gewesen. Und weder Elva noch ihre Mutter sprachen viel über diesen Ort. Dennoch war Juna sich sicher, dass es ihr inmitten endloser Wälder gefallen würde. Sie liebte alles, was grün war: Bäume, Sträucher, Gräser und Moos, sie grüßte die Blümchen am Wegesrand und richtete jeden geknickten Stängel wieder auf. Wenn Kinder Blätter abrupften, nur so aus Spaß, wurde sie richtig sauer. Dann stellte sie sich schützend vor die Pflanzen. Deshalb nannten ihre Mitschüler sie oft »Kräuterhexe«. Doch das war Juna egal. Für beste Freunde ließ man sich auch mal beschimpfen. Und das waren sie, die Pflanzen: ihre Freunde!

Auf der Dachterrasse ihres Wohnhauses hatte Juna einen eigenen kleinen Garten. Himbeersträucher und Sonnenblumen wuchsen dort in Holzbottichen. Sogar ein Gewächshaus gab es. Das hatte sie gemeinsam mit ihrer Mutter aus alten Fenstern zusammengeschraubt. Das war Junas Pflanzenarztpraxis, wo sie die Küchenkräuter und Zimmerpalmen der Nachbarn von Krankheiten befreite und wieder aufpäppelte.

Dorthin eilte Juna jetzt, denn sie wollte einen verlausten Schnittlauch auf ihre Reise mitnehmen. Wahrscheinlich erholte er sich in der freien Natur besser als hier in der Stadt, wo die Luft nie ganz klar, die Nächte nie ganz dunkel und die Stille nie ganz lautlos war.

Juna wickelte ihren grünen Patienten in ein Stück Zeitung und nahm ihre Arzttasche vom Haken. Sie war aus grobem Stoff und hatte hölzerne Knöpfe. Elva hatte sie ihr zu ihrem zehnten Geburtstag geschenkt. Juna konnte sich noch genau daran erinnern, wie sie sie aus dem seidigen Papier, in dem sie eingewickelt gewesen war, gezogen hatte. Es war fast ein wenig magisch gewesen, als wäre die Tasche die Eintrittskarte in eine andere Welt. Liebevoll strich Juna über das Ornament, das die Vorderseite schmückte. Es war ein Blatt, das von zwei Händen schützend umschlossen wur-

de. Juna fand es wunderschön. Ihre Mutter indes schien es traurig zu machen. Jedes Mal, wenn sie es sah, wurde ihr Blick wehmütig.

»Juna! Kommst du?«, rief sie in diesem Moment durch das Dachfenster. »Elva ist da.«

Juna versprach, sich zu beeilen, verstaute rasch Dünger, Baumwachs, Taschenmesser und Klebeband in ihrer Tasche, gab den Büschen und Blumen noch einen Schluck Wasser und verabschiedete sich vom Kräuterbeet. In ihrer Abwesenheit würde sich der Nachbar, ein älterer Herr, der früher einmal Gärtner gewesen war, um ihre Pflanzen kümmern. Dann rannte sie eilig die Treppen runter und beinahe in ihre Großtante hinein. Sie war hochgewachsen und trug ihr hellblondes Haar sehr kurz.

»Hallo, du kleine Pflanzenärztin«, lachte sie herzlich und umarmte die schwer bepackte Juna.

Pflanzenärztin wollte Juna tatsächlich werden. Leider konnte man das nicht studieren wie Menschenmedizin. Darüber hatte sie sich bereits gründlich informiert, obwohl sie ja noch ziemlich viele Schuljahre vor sich hatte. Juna ging in die fünfte Klasse. Ihre Lieblingsfächer waren Biologie und Sport. Darin war sie unschlagbar. Niemand in ihrer Klasse konnte so schnell rennen wie sie. Und weil sie in ihrer Freizeit dicke Bücher über Pflanzen und Tiere las, wusste sie manchmal sogar mehr als die Lehrerin.

Jetzt fegte Juna in Rekordgeschwindigkeit in ihr Zimmer, schnappte die Reisetasche, stibitzte eine Tüte Gummibärchen aus der Küche und platzte dann in das geheimnisvolle Geflüster zwischen ihrer Mutter und Elva. Immer, wenn die beiden sich sahen, steckten sie die Köpfe zusammen und tauschten ernste Blicke und leise Worte. Juna hätte zu gern gewusst, was sie in diesen Momenten besprachen, aber sie verstummten sofort, sobald sie dazukam. Doch heute war es Juna egal. Sie freute sich viel zu sehr auf die bevorstehende Reise, um sich darüber zu ärgern.

»Bin startklar!«, trällerte sie und konnte es nun kaum mehr erwarten, loszufahren.

»Sehr schön.« Elva strich zärtlich über Junas weizenblondes Haar, das sie wie immer zu zwei kugeligen Zöpfen gebunden hatte. Sie mochte Elva sehr und fand es schade, dass sie sich nur selten sahen. Ihre Großtante hasste Städte und ihre Mutter wollte nicht in den Norden. Immer wenn Juna danach fragte, erwiderte sie: »Das ist doch am Ende der Welt« und lächelte Junas heruntergezogene Mundwinkel einfach weg.

Gerade lächelte ihre Mutter allerdings nicht. Sie warf Elva und Juna besorgte Blicke zu und umklammerte Junas Hand fest, als wollte sie sie nicht gehen lassen.

»Mach dir keine Gedanken«, sagte Elva.

»Ich bin ja schon groß«, fügte Juna hinzu.

»Pass auf dich auf«, ermahnte ihre Mutter sie ein letztes Mal, gab ihr einen Abschiedskuss, dann ging es los.

Gerade rechtzeitig, denn Elva hatte ihr Auto im Parkverbot abgestellt, der Abschleppwagen war bereits unterwegs. Nur mit Mühe konnte Juna die Polizistin überzeugen, ein Auge zuzudrücken. Elva war viel zu aufgebracht für ein freundliches Wort.

»Wie hast du das bloß geschafft?«, fragte ihre Großtante später, nachdem sie bereits ein Stück gefahren waren.

»Mit der Wahrheit.« Sie hatte der Polizistin von dem geschwächten Schnittlauch erzählt, der dringend raus aufs Land musste. Die Ordnungshüterin hatte bei dieser Geschichte zwar erst verdutzt geguckt, dann aber Juna dafür gelobt, dass sie sich für hilfebedürftige Pflanzen einsetzte. Sogar den Strafzettel hatte sie gelöscht und dabei gemeint, dass die Stadtluft alle krank machen würde.

»Erstaunlich«, murmelte Elva.

Für Juna war das nichts Besonderes. Sie war eine gute Streitschlichterin. Blöd nur, dass es ihr nicht half, wenn sie selbst geärgert wurde. Aber jetzt wollte sie nicht an die Gemeinheiten auf dem Pausenhof denken, jetzt waren Ferien und die würden toll werden.

Juna lehnte sich zurück und genoss die Fahrt. Elvas Bus war uralt, rot und rostig, mit zerschlissenen Ledersitzen und verblichenen Aufklebern am Heck. Ein Kranz aus Federn baumelte vorn am Spiegel. Das Brummen des Motors versprach Abenteuer und der warme Wind, der durch das halboffene Fenster wehte, roch nach Freiheit. Das würde der beste Sommer überhaupt werden, da war Juna sich sicher. Nur schade, dass ihre Mutter nicht dabei sein konnte.

»Warum will Mama dich eigentlich nie besuchen?«, sprach sie ihren nächsten Gedanken laut aus.

»Ich weiß es nicht«, gab Elva zurück, sah dabei aber aus, als wisse sie es sehr wohl und wolle es Juna nur nicht sagen.

»Ist es denn gefährlich in der Wildnis?«, hakte Juna nach. Irgendeinen Grund musste es doch für das sorgenvolle Stirnrunzeln ihrer Mutter geben, sobald die Sprache auf Junas Ferienreise kam.

»Nein«, beruhigte Elva sie. »Solange du dich an die Regeln hältst.«

»Und die lauten?« Juna lehnte sich interessiert vor.

»Gehe niemals allein in den Wald.«

Genervt ließ Juna sich zurücksinken. Das hatte sie zur Genüge gehört. Seltsamerweise machte ihr dieses Verbot keine Angst. Bäume waren ihre Freunde, egal wo. Zwar kannte sie diesen Wald noch nicht, aber das würde sich bald ändern, schließlich hatte sie vor, gemeinsam mit Elva durch das Dickicht zu streifen und die Natur zu erforschen. Die Vorstellung, in den nächsten Wochen alles über Pflanzen lernen zu können, zauberte ihr ein Lächeln auf die Lippen. Neben ihr schaltete

Elva das Radio an und summte einen alten Song mit. Juna sah aus dem Fenster, ihre Augen spiegelten sich darin, sie hatten die gleiche Farbe wie die Bäume, die am Straßenrand vorüberglitten. Irgendwann fielen sie ihr zu und sie träumte von unendlichem Grün, das sie einhüllte wie eine kuschelige Decke.

Der unsichtbare Schatten

Zwei Tage später war Junas Hochstimmung verpufft und ihr Po platt gesessen. Raststättenpommes gluckerten mit Gummibärchen in ihrem Bauch um die Wette und sie wollte nur noch ankommen. Zwar war es spannend gewesen, durch fremde Länder zu fahren und im Bus zu übernachten. Und Elva hatte ihr viel über die Aufzucht von Obstgewächsen erzählt. Aber mittlerweile konnte Juna keine Autobahnen mehr sehen. Sie brauchte dringend frische Luft in den Lungen und Gras unter ihren nackten Füßen. Ihre Unruhe wuchs, je einsamer die Straßen und je wilder die Natur draußen wurde. Und als Elva auf einen schmalen Waldweg einbog, wäre Juna am liebsten sofort aus dem Bus gesprungen und hätte eine der großen Fichten am Wegesrand umarmt. Aufgeregt

rutschte sie auf ihrem Sitz herum und hielt nach einer modernen Forschungsstation Ausschau.

Doch Elva parkte vor einer einfachen Holzhütte. Das Gewächshaus daneben war winzig. Jedenfalls hatte es in Junas Träumen viel größer ausgesehen.

»Und hier werden Pflanzenkrankheiten erforscht?«, fragte sie Elva ungläubig.

Die wich ihrem Blick aus. »Komm doch erst mal rein, ich zeig dir alles.«

Leider gab es nicht viel zu sehen. Die Laborräume, die sich an das Wohnhaus anschlossen, waren ungenutzt. Die Forschungsstation wirkte wie ausgestorben. Niemand saß an Mikroskopen oder Bildschirmen. Keiner rührte Superdünger an oder goss Setzlinge in Reagenzgläsern. Im Gewächshaus wuchs lediglich Moos an den Wänden. Was war hier los? Und wo waren all die Wissenschaftler?

»Du bist die Forscherin«, erklärte Elva freudestrahlend und reichte ihr ein Heft. Darin waren Experimente beschrieben, die Juna in den kommenden Wochen machen durfte. Elva zeigte ihr, wie man das Mikroskop bediente und wo sie Anzuchtschälchen, Nährlösungen, Handschuhe und eine Harke fand.

Juna war begeistert. Sie würde auf die Pflanzen-Uni gehen, und Elva wäre ihre Professorin!

Doch es sollte anders kommen.

»Ich muss noch mal los«, sagte ihre Großtante, nachdem sie eine Gemüsesuppe gegessen hatten. »Ruh du dich von der Reise aus.«

Aber Juna wollte sich nicht ausruhen, sie wollte loslegen! Also schnappte sie sich ihren kranken Schnittlauch, kochte ihm eine kräftige Zwiebelbrühe und sprühte ihn vor der Haustür damit ein.

»Nase zuhalten«, kicherte sie. Bei dem Gestank würden die Blattläuse sicher freiwillig das Weite suchen.

»Büh«, kam es zurück. Juna fuhr erschrocken herum. Aber da war niemand. Bestimmt hatte ihre Fantasie ihr einen Streich gespielt. Sie hatte schon oft das Gefühl gehabt, Dinge zu sehen oder zu hören, die gar nicht sein konnten. Funkelnde Augen in Baumwipfeln zum Beispiel, nickende Blüten und flüsternde Blätter.

»Oder hast *du* dich etwa gerade beschwert?«, neckte sie den Lauch. Doch der antwortete nicht.

In den kommenden Tagen erkundete Juna Haus und

Hof, säte Kresse und Radieschen, probierte das Mikroskop aus und las in den vielen Gartenzeitschriften, die Elva ihr hingelegt hatte. Zeit für gemeinsame Ausflüge in die Natur hatte ihre Großtante jedoch nicht. Tagsüber war sie immer für ihre Arbeit unterwegs. Nur zum Mittagessen kam sie vorbei, kochte leckere Eintöpfe, fragte Juna, was sie gemacht hatte, ohne selbst zu erzählen, wo sie hinging oder was sie tat.

Natürlich fragte Juna ihr Löcher in den Bauch. Doch Elva wich ihr immer aus. Und mitnehmen wollte sie sie schon gar nicht. Juna wurde von Tag zu Tag missmutiger. Sie hatte sich so darauf gefreut, ganz viel von ihrer Großtante zu lernen: besonders seltene Pflanzenkrankheiten und neue Heilmethoden interessierten sie. Stattdessen blätterte sie tagein, tagaus in ihrem Naturführer, den sie bereits auswendig kannte, und las ihn irgendwann rückwärts, damit er wenigstens ein bisschen spannend war.

»Noch dreiunddreißig Tage Langeweile«, seufzte Juna am Ende der ersten Woche und besah sich ihren Lauch. Er sah immer noch schlapp aus. Bestimmt brauchte er etwas Dünger. Oder er fand es nur genauso öde hier wie sie. »Ich koche dir einen Kaffee«, sagte Juna und ging ins Haus. Sie setzte Wasser auf und holte eine Tasse aus dem Schrank. Durch das Küchenfenster wehte zarter Rosenduft herein, der Wind rauschte durch den nahe gelegenen Wald. Es war, als würde er sie rufen. Wie gern wäre Juna dort auf Entdeckungstour gegangen. Aber sie wollte ihre Mutter nicht enttäuschen und hielt sich an das Verbot, ihn nicht zu betreten.

Sie nahm den Kessel vom Herd, der bereits fröhlich vor sich hin pfiff. Gerade angelte sie im Küchenregal nach dem Kaffeepulver, da schoss ein glitzernder Schatten auf sie zu, streifte ihre Wange und huschte durch das geöffnete Fenster wieder hinaus.

Juna stieß einen spitzen Schrei aus. Was war das? Sie betastete ihr Gesicht, bis auf ein leichtes Kribbeln war alles in Ordnung. Ihr Herz allerdings hüpfte aufgeregt. Endlich passierte etwas!

Neugierig linste sie in den Garten, wo die merkwürdige Erscheinung verschwunden war. Doch sie konnte nichts entdecken. Hatte sie sich das bloß eingebildet? Bestimmt war es nur eine Fliege gewesen. Juna wollte sich schon abwenden, um den Kaffee aufzugießen, da sirrte das durchsichtige Funkelding erneut auf sie zu, machte vor ihrer Nase einen Looping, witschte wieder davon und setzte sich draußen auf einen Lavendel-strauch.

»Unglaublich«, staunte Juna. So etwas Zauberhaftes war ihr noch nie begegnet. Mit raschen Schritten eilte sie hinaus und sah sich suchend um. Im Lavendel summten ganz normale Bienen und Hummeln. An einer Rose fun-kelte Tau wie Diamanten in der Sonne. Juna wollte ge-rade daran vorbeigehen, da blinzelten die Wassertrop-fen sie an. Das war sie, die unsichtbare Fliege mit den Glitzeraugen! Jetzt flog sie auf und ließ sich ein paar Schritte entfernt auf dem Rand einer verwitterten Vo-geltränke nieder.

»Hab keine Angst«, sagte Juna und kam näher. Der fliegende Schatten war eine Libelle mit hauchzarten Flü-geln und einem Körper wie aus Glas. Sie erinnerte Juna an ein Gespenst. Nur ihre großen Augen glänzten und funkelten in der Sonne.

»Hallo«, begrüßte sie das schöne In-sekt und streckte die Hand aus. »Ich heiße Juna.« Die Gespensterlibel-le schaute sie mit ihren Diamant-augen an und neigte das Köpfen wie zum Gruß. Dann hob sie ab, umkreiste

Juna einmal, flog über die Garten-
mauer und landete auf dem Kiesweg,
der vom Haus wegführte.

»Willst du Fangen spielen?«, lachte Juna
und folgte ihr. Und tatsächlich flatterte die Libelle immer eine Armlänge entfernt vor ihr her. Direkt
auf den Wald zu.

»Warte!«, rief Juna und wurde langsamer, bis sie
schließlich stehen blieb.

Die Gespensterlibelle kam zurück und sirrte fragend
vor ihr auf und ab.

»Ich darf nicht in den Wald«, erklärte Juna ihr.

Das Insekt setzte sich auf Junas Hand und trampelte
aufgeregt mit ihren zarten Beinen, als wolle sie ihr sagen,
wie wichtig es war, dass Juna mit ihr kam.

Juna zögerte. Die Libelle flatterte auf, nahm eine Haar-
strähne, die sich aus Junas Zopf gelöst hatte, und zupfte
daran. Los, weiter!, hieß das wohl. Es schien wirklich
dringend zu sein.

Nur was, wenn das eine Falle war? Was, wenn das hüb-
sche Tier Juna nur in den Wald voller Gefahren locken
wollte?

Juna ignorierte ihre Sorgen und machte das, was sie in

solchen Fällen immer tat: Sie schloss die Augen und hörte auf ihr Herz. Und das sagte ihr, dass es an der Zeit war, die Regeln zu brechen. Denn es handelte sich hier um einen Notfall, da war Juna sich unerklärlicherweise sicher.

Rasch holte sie ihre Arzttasche und eilte dann auf den verbotenen Wald zu. Kaum hatte Juna die ersten Baumriesen passiert, verschluckte sie das kühle Grün. Normalerweise hätte sie den würzigen Waldduft tief eingesogen, heute hielt sie die Luft an. Die Warnungen ihrer Mutter und der Großtante liefen ihr wie ein eiskalter Schauer über den Rücken. Doch sie hatte keine Zeit, darüber nachzudenken, ob sie doch besser umkehren sollte. Denn die Libelle schoss in Windeseile durch das Dickicht und Juna hatte alle Mühe, sie nicht aus den Augen zu verlieren. Sie suchte sich ihren Weg entlang von schmalen Tierpfaden, über Wurzeln und rauschende Bächlein. Juna patschte gerade durch das eiskalte Wasser, da knackte es hinter ihr. Ein schwerer Schritt auf einem trockenen Ast. Juna fuhr herum. Doch es war nichts zu sehen.

»Was mache ich hier bloß?«, wisperte sie. Ihr Herz pochte mit einem Mal bis zum Hals. Vielleicht gab es hier Bären. Oder Wölfe?

Die Libelle setzte sich zutraulich auf ihren Kopf und Juna beruhigte sich etwas. Dennoch wollte sie jetzt doch lieber umkehren. Sie kannte sich in der Natur zwar gut aus und fühlte sich eng mit ihr verbunden. Aber im Grunde war sie doch eine Großstadtpflanze. Das meiste Wissen hatte sie aus Büchern und in den Wäldern, in denen sie bisher gewesen war, gab es Wanderwege. Außerdem war sie noch nie allein unterwegs gewesen. Was, wenn sie sich verlief und nicht mehr zurückfand?

Die Gespensterlibelle machte ein zutrauliches Geräusch, so leise, dass Juna erst glaubte, sich verhört zu haben. »Du bist nicht allein«, schien sie ihr sagen zu wollen. Jetzt flog die Libelle wieder auf und wies ihr die Richtung. Juna entschloss sich, ihr zu vertrauen. Bestimmt würde sie sie auch wieder zurück zur Forschungsstation führen. Also lief sie weiter, die Ohren wachsam gespitzt.

Immer tiefer ging es in den Wald. Er wurde dichter, die Bäume mächtiger, zwei gewaltige Eichen schmiegten sich zusammen, als bewachten sie den Durchgang zu einer anderen Welt. Die Libelle steuerte direkt darauf zu.

»Was hast du vor?«, rief Juna ihr hinterher und verlangsamte das Tempo. Hatte die Gespensterlibelle sie etwa doch getäuscht und diente nur als Lockvogel?

Aber das Insekt bog nun kurz vor dem Eichentor ab und stieg hoch, immer höher, bis man sie kaum mehr ausmachen konnte. Juna legte den Kopf in den Nacken. Die Libelle war nicht mehr zu sehen. Stattdessen glänzten im Wipfel einer Erle zwei goldene Augen. Ängstlich blickten sie drein, das konnte Juna selbst auf diese Entfernung erkennen.

Die Gespensterlibelle kam nun den Baumstamm heruntergesaust, setzte sich kurz auf Junas Nase und flog dann sofort wieder hoch zu dem Wesen mit den Goldaugen. Das war also offensichtlich der Grund, weshalb die Libelle sie hierhergeführt hatte!

Ohne zu zögern kletterte Juna den glatten Stamm hoch. Instinktiv fand sie kleine Vorsprünge und Risse, an denen sie sich festhalten konnte. Gleich war sie da. Wie ein Äffchen schwang sie sich von Ast zu Ast, bis sie das goldäugige Geschöpf erreicht hatte. Es war eine Art Eichhörnchen mit karamellfarbenem Fell, gelb geringeltem Wuschelschwanz und auffällig langen Fingern. Es zitterte am ganzen Körper. Seine Vorderpfote klemmte in einer

Astgabel fest und schien
verletzt.

»Alles wird gut«, beruhigte
Juna es. Vorsichtig löste sie das
Pfötchen aus dem Spalt und setzte das süße Tier in ihre Hand. Sein
Fell war samtweich, es schmiegte
sich dankbar an. »Ich bringe dich
in Sicherheit«, versprach Juna
und hangelte sich behutsam
den Baum hinunter. Weich
wie eine Feder landete sie auf
dem Waldboden. Das Hörnchen

gluckste erleichtert und wedelte mit seinem buschigen Schwanz. Juna kicherte, als die feinen Härchen sie am Kinn kitzelten. Das feuerte Goldauge zu noch mehr Späßen an. Doch plötzlich quiekte es schmerzvoll auf, weil es aus Versehen auf der verletzten Pfote gelandet war.

»Oje«, sagte Juna. »Zeig mal dein Pfötchen.« Das war stark geschwollen. »Ich nehme dich besser mit zur Forschungsstation«, entschied sie und wollte sich sofort auf den Rückweg machen.

Aber ein merkwürdiger Baum versperrte ihr den Durchgang. Er hatte Arme, Beine und leuchtend grüne Augen.

Juna wich erschrocken zurück. »Was willst du?«

»Meinen Wumpi«, sagte der Baum in einer fremden Sprache, die Juna komischerweise verstand. Sie klang wie das Rauschen der Blätter im Wind.

»W-W-Wumpi?«, stotterte Juna. Das Hörnchen in ihrer Hand fiepte, offenbar wollte es zu dem Baummenschen. Der nahm jetzt die Gestalt eines Mädchens an. Es war etwa so groß wie sie selbst, hatte olivfarbene Haut und kastanienbraune Haare. Juna starrte es mit offenem Mund an.

Das Baummädchen kam näher. »Was machst du für

verrückte Sachen, Lola?«, tadelte es das Hörnchen sanft und streckte die Hand danach aus. Der Wumpi kletterte vorsichtig zu ihr und machte dabei gurgelnde und pfeifende Geräusche.

»Danke, dass du Lola gerettet hast«, sagte das Mädchen jetzt und Juna wagte ein kleines Lächeln.

Einen Moment lang sahen die beiden sich schweigend an. Juna erblickte ihr Spiegelbild in den großen runden Augen. Moosgrün waren sie. Wie ihre eigenen. Ihr Bauch schlug einen Purzelbaum. Wer war dieses Mädchen? Wo kamen sie und die seltsamen Tiere her?

Doch bevor sie irgendetwas fragen konnte, drehte sich das geheimnisvolle Mädchen um und verschwand, als sei es nie dort gewesen.

Wo die Waldgeister wohnen

»Da war dieses Mädchen, sie konnte sich in einen Baum verwandeln.«

Junas Wangen waren knallheiß. Von dem fantastischen Abenteuer, das sie erlebt hatte. Und weil sie rasend schnell zurückgelaufen war. Jetzt saß sie mit Elva am Esstisch, Bohnensuppe dampfte auf ihren Tellern. Aber Juna war nicht hungrig. Außerdem hatte sie keine Zeit zu essen, schließlich wollte sie ihrer Großtante alles erzählen. »Stell dir vor, das Hörnchen hatte goldene Augen. War das süß!«

Elva löffelte stumm ihre Suppe. Wie konnte sie nur so ruhig bleiben?

»Schade, dass ich mein Handy nicht dabeihatte. Dann hätte ich ein Foto machen können. Das Baummädchen sagt, es wäre ein Wumpi. Witziger Name, findest du nicht?«, sprudelte es weiter aus ihr heraus.

Endlich legte Elva ihren Löffel beiseite und sah Juna ernst an. »Habe ich dir nicht verboten, in den Wald zu gehen?«

Juna spürte, wie noch mehr Blut in ihren Kopf schoss. »Tut mir leid«, murmelte sie in ein Stück Schwarzbrot. Sie wollte nicht, dass Elva sauer auf sie war. »Versteh doch, das war ein Notfall. Und es ist überhaupt nichts Gefährliches passiert. Alle waren freundlich, auch das Baummädchen.« Eigentlich hatte Juna geglaubt, dass Elva über die Entdeckung unbekannter Wesen vor Begeisterung ausflippen würde. Schließlich war sie Naturforscherin. Aber ihre Großtante rührte nur gedankenverloren in dem Bohneneintopf. Und plötzlich fiel Juna etwas Wichtiges auf: Elva hatte gar nicht überrascht reagiert, als sie ihr von dem Mädchen mit den grünen Augen berichtet hatte.

»Kennst du die Baummenschen etwa?«, fragte sie ihre Großtante geradeheraus.

Elva schwieg darauf. Ihre sonst so sanften Augen blickten gequält, als würde sie mit sich kämpfen. Dann, plötzlich, schien sie einen Entschluss gefasst zu haben, denn sie richtete sich kerzengerade auf und sah Juna eindringlich an. »Ja«, sagte sie schlicht. »Sie nennen sich selbst *Waldwandler*.«

Junas Löffel fiel klirrend auf ihren Teller. Elva wusste die ganze Zeit Bescheid. Und hatte ihr nichts darüber gesagt. Warum?

»Die Waldwandler mögen Menschen nicht besonders und meiden uns«, beantwortete Elva Junas unausgesprochene Frage. »Dass du eine von ihnen heute gesehen hast, und dass sie so nah gekommen ist, grenzt an ein Wunder ...« Sie rieb sich die Stirn, als müsse sie sich selbst eine komplizierte Frage beantworten.

Juna schwirrte ebenfalls der Kopf. Wie viele gab es von diesen Baummenschen? Waren sie gefährlich? Hatte sie deshalb nicht in den Wald gedurft? Sie wollte alles über die Waldwandler erfahren und zwar sofort!

Seufzend gab Elva Junas Bitten nach. »Die Waldwandler leben friedlich und eng verbunden mit der Natur«, erklärte sie ihr. »So eng, dass sie ihrer Haut die Farbe von Rinde und Blättern geben können.«

»Wie Chamäleons?«

Elva nickte. »Außerdem können sie so schnell laufen wie Raubkatzen, klettern wie Äffchen und sie lieben Pflanzen über alles...«

»Wie ich«, platzte es aus Juna heraus. Vielleicht hatte die Gespensterlibelle ihr deshalb sofort vertraut. Weil sie sie für eine Art Waldwandlerin gehalten hatte.

Elva sah sie darauf sehr lange und sehr nachdenklich an. Kurz bevor Juna das Schweigen und Starren unheimlich wurde, schob die Großtante ihren Teller beiseite und stand auf. »Ich glaube, es ist an der Zeit«, sagte sie geheimnisvoll. »Komm, ich zeige dir etwas.«

Wenig später nahmen sie denselben Pfad, den die Libelle Juna am Vormittag gezeigt hatte. Elva schritt voran und berichtete, wie sie die Waldwandler einst kennengelernt hatte: »Vor vielen Jahren, als ich meine Forschungen hier begann, streifte ich durch die Wälder, nahm Proben und beobachtete Bäume. Und dann bemerkte ich: die Bäume beobachteten mich auch! Lange Zeit gelang es mir nicht, Kontakt mit den Waldwandlern aufzunehmen. Sobald ich auf sie zuging, verschwanden sie. Eines Tages jedoch baten sie mich um Hilfe. Ihre älteste Eiche blutete und sie fanden kein Heilmittel. Ich rettete ihren heiligen Baum. Dies war der Grundstein für eine enge Freundschaft. Ich lernte ihre Sprache, half ihnen mit meinem Wissen und erfuhr im Gegenzug viel über Pflanzen. Gemeinsam gründeten wir *Rigmoor*, ein Waldkrankenhaus.«

»Rigmoor«, flüsterte Juna. Es klang an wie ein Zauberwort.

»Wir behandeln dort Pflanzen und Tiere, forschen an neuen Medikamenten und bilden junge Heiler aus«, fuhr ihre Großtante fort.

Juna klammerte sich an ihrer Arzttasche fest, als sei sie eine Rettungsboje. Denn von dem, was Elva ihr eröffnete, wurde ihr leicht schwindelig. »Wieso hast du mir das verheimlicht?«

»Es ist besser, wenn so wenig Leute wie möglich von Rigmoor wissen«, erwiderte Elva ausweichend und erklärte Juna, was geschehen würde, wenn die Welt von diesem besonderen Ort erführe. Sie befürchtete, dass Reporter, Fotografen, Fernsehteams und Touristen kommen würden und die Waldwandler nie mehr in Ruhe leben könnten.

»Deshalb darf ich also nicht in den Wald«, schlussfolgerte Juna.

Elva sagte darauf nichts. Sie deutete auf die zwei Eichen, die Juna bereits vorhin aufgefallen waren.

»Hier habe ich den Wumpi gerettet!«, rief sie aus.

»Das war bestimmt Lola. Sie macht gern Ausflüge. Wumpis sind sehr neugierig, und Lola ganz besonders.«

Juna nickte. Sie erinnerte sich daran, dass das Waldwandlermädchen das Goldhörnchen so genannt hatte. Ob sie die beiden wohl wiedersehen würde?

Sie traten näher an das Eichentor heran. Junas Herz klopfte mit jedem Schritt schneller. Ein Vorhang aus Efeuranken versperrte ihnen den Durchgang. Elva schob ihn beiseite. Und was Juna dann erblickte, war besser als jeder Traum.

Noch nie hatte sie etwas so Wunderbares gesehen. Vor ihnen erhob sich ein gigantisches Gewächshaus. Es sah aus wie eine Kirche und war zusammengeflickt aus Fenstern verschiedener Größen und Formen. Schwere Holzbalken hielten eine Art Kuppel, auf der sich ein Schwarm Vögel niedergelassen hatte.

»Das ist Rigmoor«, verkündete Elva feierlich.

Juna wollte etwas sagen, aber ihr Mund stand nur offen und ihre Augen flogen über die Lichtung, als hätten sie Angst, etwas zu verpassen. Sie legte den Kopf in den

Nacken. Hoch oben in den Bäumen entdeckte sie große
Kugeln aus Stöckern und Reisig, die aussahen wie die
Nester von Riesenvögeln. Sie waren über Hängebrücken
miteinander verbunden. Hier und da funkelten Lam-
pions in den Zweigen.

»Das sind die Baumhäuser der Waldwandler«,
erklärte Elva, die ihrem Blick gefolgt war.

Doch bevor ihre Großtante mehr dazu sagen konnte, schwang die Eingangstür des
Gewächshauses auf und ein Mädchen kam
herausgestürmt. »Professor Elva«, rief
es schon von Weitem. »Gut, dass Sie da
sind. Wir haben einen Schwerkranken!«

»Worum geht es denn?«, fragte Elva,
nachdem die Waldwandlerin bei ihnen

angekommen war. Es war das
Baummädchen aus dem Wald, da war
sich Juna sicher. Zwar trug es jetzt einen violetten
Kittel. Aber Juna erkannte das Mädchen an ihren Augen,
die überrascht zu ihr huschten und dann wieder besorgt
Elva ansahen.

»Ein Sabli ist mit Mineralöl verschmutzt. Esben hat
ihn gefunden. Er atmet kaum noch«, berichtete sie
atemlos.

»Danke, Suri, ich kümmere mich darum«, sagte Elva und eilte umgehend zum Gewächshaus.
Juna hatte Mühe, den beiden zu folgen, ohne
rennen zu müssen. Sie liefen auf schmalen
Wegen, die zwischen moosbedeckten Hügeln
hindurchführten. Alles hier war grün, selbst

die Luft, die von goldenen Sonnenstreifen durchbrochen wurde. Je näher sie dem gläsernen Gebäude kamen, desto beeindruckender wurde es. Juna erkannte Türmchen mit spitzen Dächern und Blumenornamente, die sich an den Holzbalken emporschlängelten. Ein Glockenspiel tupfte helle Töne in den lauen Sommerwind. Es war märchenhaft. Mittlerweile hatten sie den Eingang des Gewächshauses erreicht. Ein Symbol war darin eingelassen. Juna blieb wie angewurzelt stehen: Es war das gleiche wie auf ihrer geliebten Tasche.

Kitzelefeu und Giftvögel

»Kommst du?«, drängte Elva und hielt ihr die Tür auf. Juna hätte sie gern gefragt, ob sie ihr die Tasche aus einem bestimmten Grund geschenkt hatte. Aber das musste warten, ihre Großtante hatte jetzt Wichtigeres zu tun.

Juna schlüpfte an ihr vorbei. Kaum war sie drinnen, umfing sie ein erdiger Geruch, zarter Blütenduft mischte sich darunter. Die Luft war angenehm warm und von Vogelgezwitscher erfüllt. Unzählige Pflanzen wuchsen auf Tischen und in Regalen, kletterten an Stäben, krochen über den Boden und kitzelten sie im Nacken. Juna kicherte und wischte eine vorwitzige Ranke beiseite. Doch die schlang sich blitzschnell um ihr Handgelenk, hielt sie fest und kitzelte sie mit einem anderen Zweig unter der Achsel, bis Juna lauthals losprustete. Elva und Suri, die schon vorausgeeilt waren, blieben stehen und wandten sich zu ihr um. Juna zappelte und krümmte sich vor Lachen, sie bekam kaum noch Luft. Erfolglos versuchte sie sich von der frechen Pflanze loszumachen. Suri eilte zu ihr, befreite sie, nahm sie bei der Hand und zog sie schwungvoll mit sich.

»Das war Kitzelefeu«, erklärte das Waldwandlermädchen, während sie weitergingen. »Ich hatte mal eins als Hauspflanze, total niedlich, aber mega anstrengend.« Sie wedelte theatralisch mit der freien Hand. Die andere drückte Junas freundschaftlich. Ihre Haut fühlte sich rau und kühl an. »Der Trick ist, du musst das Efeu ebenfalls kitzeln, das mag es überhaupt nicht«, fuhr Suri fort und grinste sie von der Seite an. Juna lächelte zurück, sie mochte die junge Waldwandlerin auf Anhieb.

»Hier entlang!« Suri deutete auf eine Tür, die in eines der Nebengebäude führte. »Das ist unsere Erste-Hilfe-Station.«

Weißes Licht erhellte den Saal, den sie nun betraten. Elva war bereits an einen der Tische getreten, die sich längs der Wand aufreihten. Darauf lag ein Häufchen schlammigen Sands. Ein Junge, den Suri Esben nannte,

berichtete Elva gerade, was geschehen war:
»Ich habe den Sabli am Strand gefunden.
Seine Atmung ist schwach, die Mineral-
analyse läuft.«

»Wir haben ihn gefiltert und gewaschen,
aber das Öl klebt fest«, fügte Suri hinzu. Das
Sandhäufchen bewegte sich schwach. Juna blinzelte und
trat einen Schritt näher. »Ist das wirklich ein Lebewe-
sen?«, rutschte es ihr raus.

Esben musterte sie daraufhin abschätzig, Suri hingegen erklärte ihr freundlich, dass Sablis Sandwesen
sind, die auf dem Meeresgrund leben und das Wasser
filtern. »Leider werden sie oft Opfer der Umweltverschmutzung, so wie dieser hier«, schloss sie. »Doch das
kriegen wir schon wieder hin. Nava bereitet gerade ein
heißes Sesamölbad vor.«

Elva hatte in der Zwischenzeit ein seltsam geschwun-
genes Hörrohr hervorgeholt, das sie jetzt an ihr Ohr
hielt. Das andere Ende richtete sie auf den Sandhaufen.
Eine Weile lauschte sie, dann sagte sie: »Ein Ölbad? Das
halte ich für keine gute Idee.« Sie nahm einen Holz-
spachtel von einem Instrumententablett und rührte damit behutsam in dem schmutzigen Sand herum. Als sie

ihn herauszog, klebte dunkles Öl daran. Sie besah sich die Probe gründlich und fragte in die Runde: »Irgendwelche Vorschläge, was wir machen sollten?«

»Was halten Sie von Waschbenzin?«, meldete sich Suri zu Wort. »Das nehmen die Menschen bei Ölflecken.«

»Gut mitgedacht«, nickte Elva. »Aber das würde den Sabli vergiften.«

»Wie alles, was von den Menschen kommt«, zischte Esben dazwischen. Er hatte etwas hellere Augen als Suri, dafür waren seine Haare fast schwarz.

»Das stimmt doch nicht!«, widersprach das Waldwandlermädchen. »Die Menschen erfinden tolle Sachen,

Lampen zum Beispiel.« Sie deutete mit dem Finger auf die Leuchte über dem Untersuchungstisch.

»Sonnenkraut kann das auch«, konterte der Junge und verschränkte trotzig die Arme.

»Aber wie würdest du ohne Strom die Mineralanalyse machen, hä?«, hielt Suri dagegen.

»Gäbe es keine Umweltverschmutzung, bräuchte der Sabli die Untersuchung gar nicht. Dann wäre er nämlich *gesund*. Die Menschen machen unseren Planeten *krank*.«

Juna wich unwillkürlich etwas zurück, Esbens Anschuldigungen trafen sie hart, schließlich war auch sie ein Mensch.

Zwar tat sie vieles, um die Natur zu schützen, aber das meiste, was sie aß, war in Plastik verpackt, und das wiederum wurde aus Erdöl hergestellt. Esben hatte also nicht ganz unrecht.

Eine kleine rundliche Frau kam eilig auf sie zu und unterbrach den Streit. Ihr silbergraues Haar war zu einem Kranz geflochten, sie trug eine türkisfarbene Tunika und ihre Hände steckten in dicken Strickhandschuhen, mit denen sie einen Messingtopf hielt.

»Hej Nava«, begrüßte Elva sie.

Die Frau lächelte zurück und warnte »Vorsicht, heiß!«,

während sie den Topf auf den Tisch stellte. »Jetzt bekommt der Sabli ein schönes Entspannungsbad.« Sie zwinkerte Suri und Esben zu. Juna schien sie nicht bemerkt zu haben.

»Das werden wir nicht tun«, hielt Elva sie zurück. »Es würde seinen Energiekreislauf überlasten.«

Nava schien nicht einverstanden mit Elvas Einwand zu sein. Ihre Augen verengten sich. Juna stellte fest, dass sie genauso leuchtend grün waren wie Suris, Esbens – und wie ihre eigenen. Seltsam. Bisher hatte Juna noch nie jemanden mit dieser ungewöhnlichen Augenfarbe getroffen. Und hier gleich so oft. Doch sie konnte nicht weiter über diesen merkwürdigen Zufall nachdenken, denn es interessierte sie viel mehr, was aus dem armen Sandwesen werden sollte.

»Wir machen eine Gel-Trennung«, legte Elva fest.

»Wenn du meinst«, gab Nava widerwillig nach. Juna bemerkte ihren Unmut.

Suri hingegen freute sich. »Darf ich alles vorbereiten?«

Nava warf ihr einen stechenden Blick zu, als hätte sie etwas dagegen. Doch Elva nickte bestätigend. Daraufhin lief Suri los, drehte sich aber noch einmal um und winkte Juna, ihr zu folgen.

»Wie heißt du eigentlich?«, erkundigte das Waldwandlermädchen sich, nachdem sie die Notfallstation verlassen hatten.

»Juna.«

»Schöner Name. Und woher kommst du?«, fragte Suri weiter und duckte sich unter einer basketballgroßen Frucht hinweg, die wie eine Himbeere aussah. In einem Käfig weiter hinten flatterten Vögel mit bunt-getupftem Gefieder. Juna hatte das Gefühl, als wäre sie auf einem anderen Planeten. Weit weg von ihrem Zuhause.

»Ich wohne in einer großen Stadt«, beantwortete sie Suris Frage.

Die machte eine Vollbremsung und riss die Augen auf.

»In der Menschenwelt?«

»Na klar.« Wo denn sonst? Dass sie kein Baummädchen war, sah man doch auf den ersten Blick.

»Beim heiligen Brokkoli, ist das mega! Du musst mir alles erzählen. Alles!«, rief Suri aus und hakte sich bei Juna unter. Es fühlte sich an, als wären sie schon ewig beste Freundinnen. »Also, wie ist das so, als Waldwandlerin in einer Menschenstadt? Kriegt man wirklich

Husten von all dem Staub und Dreck? Das behauptet Nava (sie ist übrigens meine Großmutter) immer. Dabei war sie noch nie bei den Menschen. Von uns ist nur einer mal längere Zeit dort gewesen: Doktor Kiran, unser Arzt. Aber der will mir nichts erzählen.« Sie seufzte schwer, lächelte dann aber breit und plapperte munter weiter. »Zum Glück bist du ja jetzt hier. Und du siehst topfit aus, bis auf deine Haut, die ist ziemlich weich und hell. Wie deine Haare. Färbst du die? Voll schön, dein Blond. Ich möchte ja gern mal Nagellack probieren. Leider würde Nava dann ausrasten.« Suri schnalzte genervt mit der Zunge und verriet Juna (ganz im Geheimen), dass sie vor einiger Zeit ein Smartphone gefunden habe, mit dem sie in ihrem Baumversteck, hoch oben, wo es ein dünnes Handynetz gab, im Internet surfte. Am liebsten schaute sie sich Musik-Videos an. »Nun, vielleicht kannst du meine Großmutter überzeugen, dass es für ein Waldwandlermädchen bei den Menschen völlig ungefährlich ist«, schloss sie und legte Juna vertraulich einen Arm um die Schulter.

Juna blinzelte verwirrt. Warum glaubte Suri, sie sei eine Waldwandlerin?

»Ich bin ein Mensch«, klärte sie das Baummädchen auf.

Ihr Herz jedoch flatterte plötzlich aufgeregt, als kenne es ein Geheimnis, von dem sie selbst noch nichts wusste.

»Das glaube ich nicht!«, protestierte Suri. »Schließlich hast du unsere Augen und sprichst unsere Sprache. Außerdem könnte ein Mensch niemals eine Gespensterlibelle sehen und wäre im Leben nicht diesen glatten Baum hochgekommen.«

Juna schüttelte ungläubig den Kopf. Ihre neue Freundin täuschte sich. Aber als sie den Mund aufmachte, um Suri zu sagen, dass das doch alles nichts Besonderes war, kam ein fremdartiges Rauschen heraus. In ihren Ohren hörte es sich allerdings wie ihre Muttersprache an. Sie beherrschte scheinbar tatsächlich die Sprache der Waldwandler! Wie war das möglich? Hatte sie die ganze Zeit schon so mit Suri geredet? Das hatte sie in der Aufregung gar nicht bemerkt.

»Vielleicht könntest du etwas Training gebrauchen«, gluckste ihre Waldwandlerfreundin. »Auf den letzten Metern den Baum hoch warst du etwas lahm. Und ein paar Tomaten hattest du wohl auch auf den Augen.« Sie zwinkerte Juna neckisch zu. »Du hast vorhin im Wald andauernd an mir vorbeigeguckt. Als wäre ich ein Baum, tss.«

Juna wusste nicht mehr, was sie denken oder fühlen sollte. Heraus kam ein lautes Lachen. Das alles war einfach zu verrückt! Suri stimmte in ihr Gekicher ein und Juna fühlte sich gleich ein wenig leichter. Denn so wundervoll die Waldwandlerwelt war, sie machte Juna auch ein wenig Angst. Außerdem kam sie sich vor wie ein Eindringling. Wie würden die Waldwandler es wohl finden, dass ein Menschenkind von ihrer geheimen Welt wusste? Oder war sie wirklich eine von ihnen?

»Wir müssen uns beeilen«, riss Suri sie aus ihren Gedanken. Sie hatten eine orangefarbene Tür erreicht, die das Waldwandlermädchen jetzt öffnete. Dahinter lag ein runder Raum, an dessen Wänden sich spiralförmig Regalbretter emporschlängelten. Sie waren vollgestopft mit Fläschchen und Dosen. Töpfe und Schüsseln hingen, der Größe nach geordnet, an einem Holzbalken unter der Decke. Suri angelte bereits nach einer Schale und bat Juna, ein blaues Pulver aus dem Regal zu holen.

»Man nimmt fünf Liter kaltes Wasser«, erklärte sie Juna, während sie das eckige Glasgefäß befüllte. »Und ein Kilo Gelpulver.«

Juna wiederholte das Rezept, damit sie es behielt und später in ihr Pflanzentagebuch schreiben konnte. Gerade wogen die beiden das Pulver ab, da wurde die Tür aufgerissen. Suri zuckte zusammen und verschüttete dabei etwas. »Esben, du Pflaumenaugust!«, schimpfte sie.

»Was braucht ihr denn so lange?«

»Wenn du uns nicht zu Tode erschreckt hättest, wären wir längst fertig«, motzte Suri zurück und gab das Pulver in das Wasser. »Und jetzt rühren, Juna.« Sie hielt ihr einen Quirl hin. Bevor Juna ihn nehmen konnte, schnappte Esben ihn ihr weg.

»Ich übernehme das«, sagte er so abweisend, dass Juna ihm sofort Platz machte.

Die beiden Waldwandler quirlten die Mixtur, bis sie glibberig wie Wackelpudding war.

»Perfekt«, befand Suri.

»Los jetzt«, drängte Esben, griff einen Henkel der Schale, Suri den zweiten. Juna kam sich vor wie das dritte Rad am Wagen. Sie folgte den beiden durch das Blätterlabyrinth.

Sprühnebel rieselte jetzt von der Decke, Juna hob das Gesicht und genoss das erfrischende Nass. Wieder kamen sie an dem Käfig mit den bunten Vögeln vorbei. Einer legte den Kopf schief, fixierte sie mit seinen schwarzen Augen und kreischte schrill.

»Was sind das für Tiere?«, fragte Juna interessiert.

»Biebox«, antwortete Suri, deren Arm unter der Last des Wackelpuddings immer länger wurde. »Hübsch, nicht wahr? Aber Vorsicht: Sie haben einen Giftstachel. Der haut sogar Elche um. Meine Großmutter stellt daraus Medizin her.« Sie schnaufte, ihre Wangen waren gerötet. »Puh, dieses Zeug wird schwerer, je länger es quillt.«

»Wollen wir uns abwechseln?«, bot Juna an.

»Nein, danke«, mischte Esben sich ein.

Suri kommentierte Esbens kalte Schulter mit einem Augenrollen. »Geht schon«, presste sie angestrengt hervor.

»Lasst mich doch helfen. Zu dritt ist es leichter.« Juna griff nach dem Rand der Schale.

Esben fegte ihre Hand grob weg. »Ich sagte *nein!* Wir brauchen die Hilfe von Fremden nicht, verstanden?«

Juna blieb abrupt stehen. Esbens Worte trafen sie wie ein Schlag ins Gesicht. Sie hatte kapiert, was er ihr sagen wollte: Hau ab! Du bist hier nicht erwünscht.

Neue Freunde

Juna hatte allein aus dem Glashaus rausgefunden. Mit schwerem Kopf saß sie an einen Baum gelehnt und wartete auf Elva. Dabei grübelte sie über all das nach, was sie heute erlebt hatte. Sie war an einem Ort, den es eigentlich gar nicht geben dürfte. Hatte Tiere entdeckt, die man in keinem Lehrbuch fand. Und sprach eine Sprache, die sonst niemand kannte. Das Seltsamste jedoch war, dass sie sich in Rigmoor zu Hause fühlte. Aber sie war hier nicht erwünscht. Das hatte Esben ihr gerade unmissverständlich klargemacht.

Nachdenklich betrachtete Juna das Waldwandler-Symbol auf ihrer Tasche. Es glänzte in der Sonne. Suri trug das gleiche auf ihrem Kittel. Hatte Elva etwa geahnt, dass Juna hierhergehörte? Und wusste ihre Mutter von alldem? Schließlich hatte sie ihr ebenfalls streng verboten, in den Wald zu gehen …

Junas Gedanken begannen, sich im Kreis zu drehen, sodass ihr schlecht wurde. Sie stand auf und beschloss, einen Spaziergang zu machen. Auf verschlungenen Pfaden umrundete sie das Gewächshaus und betrat dann einen Garten, der von einem Reisigzaun umgrenzt war. Hier wuchsen Blumen, die Juna noch nie gesehen hatte. Sie dufteten nach Zimt, Vanille und süßen Geheimnissen. Juna ließ flauschige Gräser durch ihre Finger gleiten und ihr aufgewühltes Herz kam zur Ruhe.

Gerade beugte sie sich zu einem Bäumchen, bei dem ein Ast abgeknickt war, da kam ein Schatten auf sie zugesaust. Es war die Gespensterlibelle. Sie tanzte einmal um Juna herum und setzte sich dann auf ihre Schulter.

»Hallo, meine Süße«, begrüßte Juna sie und hatte das warme Gefühl, eine Freundin an der Seite zu haben. Das tat richtig gut nach Esbens fieser Abfuhr. Bestimmt hatte er Suri mittlerweile davon überzeugt, dass Juna so schnell wie möglich verschwinden sollte. Warum sonst suchte die Waldwandlerin nicht nach ihr? Eine Träne rann über ihre Wange. Sie hatte fest geglaubt, Suri und sie könnten Freundinnen werden. Die Libelle stupste sie sanft mit ihrem Köpfchen an.

Juna schniefte. »Du bist so lieb. Darf ich dir einen Namen geben?«

Diamantaugen funkelten sie neugierig an.

»Was hältst du von Sternchen?«

Zur Antwort flog die Libelle einen dreifachen Salto. Offensichtlich gefiel ihr der Name. Juna hüpfte vor Freude ebenfalls im Kreis. Dann erinnerte sie sich an das verletzte Bäumchen, das sie hatte verarzten wollen. Sie zog Klebeband und einen Eisstiel aus ihrem Arzttäschchen und schiente den Ast. »Das wird wieder«, flüsterte sie dem Baum zu und streichelte ihm über die Krone.

»Was machst du da?« Suri stand urplötzlich vor ihr.

Juna zuckte zurück, als hätte sie etwas Verbotenes getan. »Ich, ich habe nur... der Ast war geknickt und da dachte ich ...«

»Voll gut gemacht!«, unterbrach Suri ihr Gestammel und besah den Verband. »Da kannst du mir ja gleich bei meinem nächsten Patienten helfen.« Sie grinste Juna breit an. Wollte sie sie etwa gar nicht loswerden?

»Und was sagt Esben dazu?«, fragte Juna vorsichtig.

»Ach, der«, winkte Suri ab. »Nimm ihn nicht allzu ernst. Der hat an jedem was rumzumeckern. Liegt wahrscheinlich daran, dass er Schulsprecher ist.«

Juna stöhnte lautlos auf. Sie hatte also den Schulsprecher gegen sich: na toll! Zum Glück war Suri auf ihrer Seite, und Sternchen. Wie auf Kommando kam die Libelle angeschossen und landete auf Junas Kopf.

»Großer Grünkohl, eine Gespensterlibelle«, quietschte Suri erfreut auf. »Die sind normalerweise total scheu.« Ihre grünen Waldwandleraugen wurden kugelrund. »Wie kriegst du es hin, dass sie sich auf dich setzt?«

»Keine Ahnung.« Juna kapierte selbst nichts mehr. Und jetzt gab sie sogar anderen Rätsel auf. Mit einem Seufzer fuhr sie sich durch die Haare und scheuchte Sternchen dabei auf.

»Liegt vielleicht an deiner Haarfarbe«, mutmaßte Suri.

»Ich wäre auch gern blond.« Missmutig zupfte sie an ihren braunen Locken.

»Ich finde deine Haare wunderschön. Sie leuchten wie Kastanien in der Herbstsonne.«

Suri lächelte zwar geschmeichelt, schien aber trotz des Lobes nicht ganz überzeugt. »Aber die Frisur von Lady Gaga ist cooler! Magst du ihre Musik? Die ist mega, oder?«

»Ähm, ja, sie ist okay.« Eigentlich interessierte Juna sich nicht für Popmusik. Suri dafür umso mehr. Auf dem Weg zurück ins Gewächshaus sang sie Juna ihre Lieblingssongs vor und schwärmte davon, dass sie gern mal auf ein Rockkonzert gehen würde.

»Ich zeige dir nachher mein Notizbuch, darin habe ich Songtexte und Akkorde, oh, hätte ich doch eine Gitarre, ich würde so gern selbst Menschenmusik machen. Aber Nava würde das nie erlauben«, seufzte sie, als sie das Pflanzenkrankenhaus betraten. »Komm, lass uns beeilen, damit wir schnell zu mir nach Hause können. Du isst bei uns Abendbrot, einverstanden?«

Juna war etwas überrumpelt. »Das müsste ich mit Elva besprechen.«

»Die ist noch mit dem Sabli beschäftigt. Mach dir keine Sorgen, das geht schon klar.« Sie krempelte die Ärmel ihres Kittels hoch. »Legen wir los?«

»Au ja!«, freute Juna sich.

»Erste Patientin ist eine Moriella.«

»Nie gehört.«

»Sie kommen aus der Dinozeit und waren ausgestorben. Bis Elva und ein paar andere von uns Samenkörner im Gletschereis fanden. Daraus konnten wir kräftige Pflanzen ziehen«, erklärte Suri und hob warnend den Zeigefinger. »Pass auf deine Hände auf! Diese Moriella ist zwar noch jung, aber sie kann schon kräftig zubeißen.«

Sie kamen vor einem Tontopf zum Stehen, in dem ein Busch von der Größe eines Schoßhündchens wuchs. Juna entdeckte ein paar Blüten, die aussahen wie Kussmünder mit rosa Lippenstift.

»Ist es eine fleischfressende Pflanze?«

Suri nickte und reichte ihr eine Dose mit Keksen, die nach Leberwurst rochen. »Damit lenkst du sie ab.«

»Sehr witzig«, lachte Juna, die das für einen Scherz hielt. »Die fressen doch nur Insekten.«

»Ja, solange sie Babys sind. Und zwischendurch, als Snack. Aber unsere fleischfressende Freundin hier ist bereits im Grundschulalter und immer hungrig.« Suri tat so, als wolle sie Junas Nase schnappen, was diese kichernd abwehrte.

»Und was hat unser kleiner

Vielfraß für ein Problem?«, erkundigte sie sich und beäugte die Pflanze interessiert. Diese schien die beiden Mädchen bemerkt zu haben. Ihre Stängel fuhren sich aus und es wirkte, als beschnüffelte sie ihre Umgebung.

»Sie stand an einem Bach und hat sich einen Fisch geangelt. Jetzt steckt eine Gräte in ihrem Hals. Wird nicht leicht, die rauszukriegen«, erklärte Suri mit gedämpfter Stimme und schob Juna ein Stück beiseite. »Wir machen es am besten so: Du kommst von der anderen Seite und lenkst sie ab, damit sie mich nicht angreift. Und ich kümmere mich um die Gräte.« Sie setzte sich eine Stirnlampe auf und zückte eine Pinzette. Juna nickte bestätigend.

Die beiden Freundinnen näherten sich langsam der Pflanze. Deren Mäuler schmatzten nun leise und leckten sich die Lippen. Juna sah spitze Zähne aufblitzen.

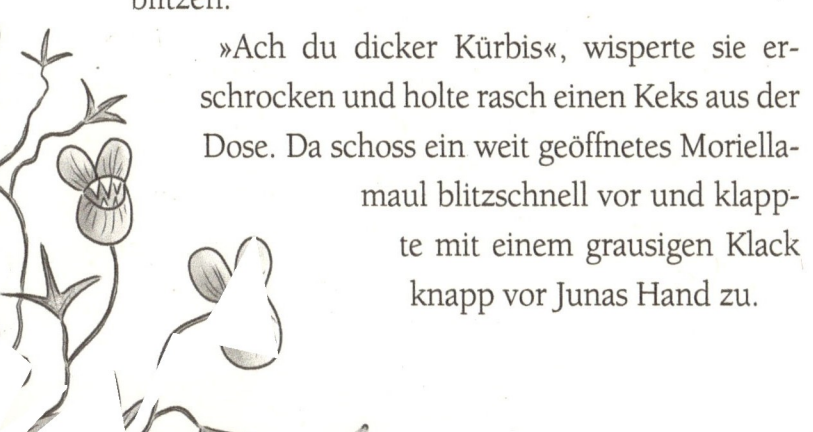

»Ach du dicker Kürbis«, wisperte sie erschrocken und holte rasch einen Keks aus der Dose. Da schoss ein weit geöffnetes Moriellamaul blitzschnell vor und klappte mit einem grausigen Klack knapp vor Junas Hand zu.

»Füttere sie, schnell!«, rief Suri, die bereits mit dem verletzten Stängel kämpfte.

Juna warf einen Keks nach dem anderen in die gierigen Mäuler, während Suri nach der Gräte suchte.

»Ich hab sie gleich!«

Suris Ausruf lenkte Juna nur einen winzigen Augenblick ab. Sofort biss die Moriella zu.

»Autsch«, kreischte ihre Freundin auf. Die Pflanze hatte ihren Po erwischt, sie zerrte an dem Kittel und knurrte dabei wie ein gereizter Hofhund.

»Aufhören!«, schimpfte Juna und die Moriella ließ von Suri ab. Erst wirkte die angriffslustige Pflanze verdutzt, dann richteten alle Mäuler ihre volle Aufmerksamkeit auf Juna. Und sie sahen nicht freundlich aus. Grüner Sabber tropfte auf den Boden. Juna schauderte, wich aber nicht zurück. Sie feuerte einen Leberwurstkeks nach dem anderen ab, die Moriellaköpfe fingen sie aus der Luft und schlangen sie hinunter. Kurz bevor die Dose leer war, rief Suri: »Tada, da ist die Übeltäterin!« Stolz hielt sie die Gräte hoch.

Juna verfütterte die Keksreste und beobachtete die schmatzenden Münder. »Mit Sicherheitsabstand sieht sie sogar niedlich aus, wie ein Krümelmonster.«

»Mich erinnert sie an einen vielköpfigen, bösen Drachen ohne Tischmanieren«, murrte Suri und be-

trachtete missmutig die Löcher, die die Moriella in ihre Kleidung gerissen hatte.

»Sag jetzt nicht, dass wir den auch noch füttern müssen«, grinste Juna.

»Nee«, lachte Suri zurück. »Aber die Springschwänze.«

Von denen hatte Juna schon gehört. »Die fressen gern abgestorbene Pflanzenreste, nicht wahr?«, fragte sie Suri, während sie gemeinsam in den nächsten Raum weiterzogen. Dort waberten in Glaskugeln blaugrüne Luftalgen, die normalerweise in Urwaldnebeln wuchsen. In einem Terrarium robbten behaarte Gurken umher, die Suri »Raupis« nannte. Diese seltene Pflanzenart konnte sich dorthin bewegen, wo gute Erde, Sonne und reichlich Wasser war. Juna kam aus dem Staunen nicht heraus. Vor einem Gefäß, das Juna an ein Aquarium erinnerte, blieben die beiden stehen. Darin wimmelten auf einer Erdschicht winzige weiße Punkte wild durcheinander. Suri zerbröselte trockene Blätter und Wurzelreste und streute sie hinein. »Wir setzen die Springschwänze bei Baumwunden ein, damit sie kranke Teile wegfuttern. Wenn alles sauber ist, sammeln wir unsere kleinen Helfer wieder ein und tragen die Versiegelung auf.«

Wie interessant! Endlich lernte Juna etwas über Pflanzenheilkunde. Sie konnte gar nicht genug davon bekommen. Und so war sie fast ein wenig traurig, als Suri meinte, gleich wäre Feierabend. Nur die Runkelrosen mussten noch mit Brennnesseltee besprüht werden. Deren knubbelige Knospen waren über und über mit Blattläusen bedeckt.

»Knoblauchtee wirkt auch sehr gut gegen Läuse«, meinte Juna, während sie die Sprühflaschen befüllten.

»Aber der Geruch, *büh*«, ekelte Suri sich.

Juna horchte auf. Dieses *Büh* hatte sie doch schon einmal gehört. Gestern, als sie Zwiebelsaft auf den Schnittlauch gesprüht hatte.

»Du warst an der Forschungsstation!«, stellte sie fest.

»Hast du mir etwa nachspioniert?«

»I wo, ich darf doch nicht in die Menschenwelt«, erwiderte Suri wenig überzeugend und spritzte ausgerechnet den Rosenzweig nass, hinter dem Juna stand. Die bekam eine Ladung Brennnesseltee ins Gesicht.

»Hey!«, beschwerte sie sich.

»War nicht absichtlich«, entschuldigte sich Suri, grinste dabei aber frech.

Zum Ausgleich verpasste Juna ihr eine ordentliche

Dusche. Eine wilde Brennnesselwasserschlacht begann. Bald waren die beiden nasser als die Rosen.

»Nur Flausen im Kopf«, durchbrach eine Stimme ihr Gegacker und Gekreische. Es war Nava, Suris Großmutter. Sie kam mit großen Schritten auf sie zu.

»Keine Flausen, nur Läuse«, gluckste Suri.

»Aber die nehmen jetzt Reißaus«, fügte Juna prustend hinzu und wrang ihre Zöpfe aus.

»Na, hoffentlich«, sagte Nava. Ihr Blick war gutherzig, aber als er Juna streifte, veränderte er sich. Sofort fror Juna unter ihren nassen Klamotten und sie wollte am liebsten nach Hause. Aber Suri bestand darauf, dass Juna blieb und Nava lud sie freundlich zum Abendessen ein. Der merkwürdige Ausdruck auf ihrem Gesicht war verschwunden und Juna beruhigte sich wieder. Wahrscheinlich hatte sie sich nur getäuscht.

Pyjamaparty über den Wolken

»Darf Juna bei mir übernachten? Bitte, bitte!« Suri schob sich einen Hirsekringel in den Mund.

»Mal sehen. Fragen wir Elva«, erwiderte Nava ausweichend. Sie füllte gerade Nachschlag auf Junas Teller. Es gab Dinkelbrei. Den besten, den Juna je gegessen hatte.

»Danke«, sagten die Mädchen gleichzeitig. Und grinsten sich dann mit vollen Backen an. Sie hatten ihre nassen Sachen zum Trocknen aufgehängt und trugen nun beide eine Art Jogginghose und darüber ein halblanges Kleid. Suris war rot, das von Juna gelb.

»Meine Klamotten passen dir gut«, sagte Suri. »Wir sind fast wie Schwestern: Guck mal, wie süß wir zusammen aussehen.« Sie schmiegte ihre Wange gegen Junas.

»Apropos, möchtet ihr etwas zum Naschen?«, fragte Nava die beiden und holte kandierte Nüsse aus der Kochnische. Waren die köstlich!

Juna nahm eine Handvoll und lehnte sich entspannt zurück. Das Baumhaus, in dem Suri mit ihrer Großmutter wohnte, war kugelrund und supergemütlich. Es erstreckte sich über zwei Etagen, die über eine Strickleiter verbunden waren. Oben war der Schlafbereich, unten die Wohnküche. Die Wände waren aus biegsamen Ästen geflochten. Überall lagen bunte Kissen und Decken herum, in Marmeladengläsern wuchsen leuchtende Moose und von der Decke baumelten Duftfarne. Juna mochte das leichte Schaukeln und das Wispern des Windes, das durch die Ritzen drang. Lola, Suris Hauswumpi, hatte sich auf Junas Schoß eingerollt. Ihre Pfote steckte in einem dicken Verband. Sie war zum Glück nur verstaucht, wie Suri ihr erklärte.

»Das ist bestimmt passiert, als sie auf der Jagd nach etwas Funkelndem war. Wumpis lieben Glitzerkrams, musst du wissen«, führte Suri weiter aus. Und auch jetzt spielte Lola mit etwas Glänzendem. Es war Junas Taschenmesser.

»Gib das bitte zurück, das ist kein Spielzeug«, sagte Juna und nahm es dem Wumpi, der lautstark protestierte, weg. Im Tausch gab sie ihm ihren Glückskaktus. Der war kuschelweich und hatte silbrig glänzende Stacheln.

Lola pfiff und gurgelte entzückt. Und auch Suri war vollkommen hingerissen von dem niedlichen Schlüsselanhänger. »Wie süüüß! Die Menschen haben so coole Sachen«, schwärmte sie. »Und erst die Technik! Wenn ich groß bin, möchte ich an einer Menschenuniversität studieren.«

»Wir Waldwandler besitzen viel älteres und tieferes Wissen über die Welt«, mischte Nava sich mit ihrer ruhigen Stimme ein. »Und zwar im Einklang mit der Natur. Menschen zerstören mit ihren Maschinen Lebensräume, wir schützen sie.«

»Das ist nur, weil sie unsere Sichtweise nicht kennen. Wir sollten ihnen die Augen öffnen und zusammenarbeiten«, entgegnete Suri mit glänzenden Wangen.

»Die Menschen sind nicht bereit dafür«, hielt Nava dagegen. »Sie glauben, sie wären die Wichtigsten auf diesem Planeten und dass er ihnen gehört. Ich fürchte, statt an ihrer Seite zu forschen, würdest du selbst als Versuchskaninchen in ihren Labors landen.«

Suris Gesichtsfarbe wechselte auf rotbraun. »Das stimmt doch nicht. Schau, Juna ist auch eine Waldwandlerin, sie lebt bei den Menschen, sie ist nicht eingesperrt oder von Autoabgasen vergiftet.«

Navas Miene gefror. Ihr Blick wanderte zu Junas Augen und blieb an der Arzttasche mit dem Waldwandlersymbol hängen. »Ist das möglich?«, fragte sie leise und mit einem Unterton, der Juna eine Gänsehaut bescherte. Unbehaglich rutschte sie von einer Pobacke auf die andere. Was sollte sie darauf erwidern? Sie wusste doch selbst nicht, was mit ihr los war. Bevor sie etwas sagen konnte, trat Elva durch die niedrige Tür. »Hier seid ihr!«

»Juna schläft heute bei mir«, begrüßte Suri sie.

»Tatsächlich?«, lachte Junas Großtante.

»Wenn du es erlaubst«, fügte Nava hinzu. Sie hatte zu ihrem sanftmütigen Lächeln zurückgefunden.

Juna war hingegen immer noch etwas mulmig von dem Gespräch gerade. Elva mus-

terte sie besorgt. »Du siehst blass aus. Wird dir von dem
Schwanken der Bäume schwindelig?«

»Na, hör mal«, grätschte Suri dazwischen. »Juna kann
das ab. Schließlich ist sie eine Waldwandl –« Elva schnitt
ihr mit einer Geste das Wort ab. Suri verstummte. Und
auch Juna hielt die Luft an. Ihre Großtante sah aus wie
eine steinerne Wächterin, die etwas Wichtiges beschütz-
te. Niemand rührte sich. Aber man spürte ein Knistern
im Raum. Wie von einem gut gehüteten Geheimnis, das
rauswollte. »Nun sag schon. Was ist los mit Juna?«, hielt
Suri es nicht mehr aus.

Elva schloss einen Moment lang die Augen, als müsse sie eine schwerwiegende Entscheidung fällen. Jetzt
wurde Juna doch schwindelig. Ihr Atem ging flach und
ihr Herz raste. Noch bevor Elva langsam mit dem Kopf
nickte, wusste sie es. »Ja, Juna ist eine Waldwandlerin.
Eine halbe.«

Die Worte klirrten durch den Raum, wie ein Glas, das
zerbricht. Juna war unfähig sich zu bewegen, oder gar
etwas zu sagen. Suri hatte den Mund aufgerissen, Navas
Lächeln war verrutscht.

»Eine halbe?« Ihre Waldwandlerfreundin fand als Erste die Sprache wieder.

Elva blickte nach oben, als schicke sie eine Entschuldigung in den Himmel. Dann sah sie Juna fest an. »Dein Vater ist ein Waldwandler.«

Juna umklammerte ein Kissen und drückte es schützend an sich. Ihre Welt geriet mehr und mehr aus den Fugen. Alles wankte, während sich ihr komplettes Dasein neu sortierte. Natürlich hatte sie immer schon geahnt, dass sie anders war. Aber niemals hätte sie es für möglich gehalten, dass sie tatsächlich einen Waldwandler-Papa hatte. Warum hatte ihre Mutter ihr nichts davon erzählt? Wollte sie deshalb nie hierher? Aber sie musste irgendwann in Rigmoor gewesen sein. Wo sonst sollte sie ihren Vater kennengelernt haben?

»Deine Mutter lebte einige Jahre bei mir, nachdem ihre Eltern gestorben waren«, erklärte Elva nun und setzte sich zu ihr.

»Marie«, keuchte Nava den Namen von Junas Mutter. Sie war aschfahl unter ihrer braunen Haut. »Sie war schwanger, als sie von hier fortging?«

Elva nickte und Nava sackte in sich zusammen. Juna sah die beiden Frauen erwartungsvoll an, aber sie schwiegen wieder. Dabei kamen ihr mit einem Mal so viele Fragen. Wieso hatte ihre Mutter die

Waldwandlerwelt hinter sich gelassen? Hatte sie sich mit Junas Vater gestritten? Und wer war er?

Aber Elva wollte nicht darüber reden. »Du hast heute genug erlebt. Geh ins Bett, du bist sicher müde.«

Doch Juna war viel zu aufgewühlt, um zu schlafen. Und so war sie froh, dass Suri sie mit sich auf das Dach des Baumhauses zog.

»Heiliger Holunder, ist das spannend!«, sagte ihre neue Freundin und legte sich auf den Rücken. Juna tat es ihr gleich. Über ihnen rauschte der Abendwind und die Sterne blitzten durch das Blätterdach. Das Gedankenkarussell in Junas Kopf beruhigte sich etwas. Zurück blieb ein aufgeregtes Kribbeln, das sich bis in die Zehenspitzen zog. Sie war also eine Halb-Waldwandlerin, ein Grün-Mensch.

»Das ist so was von cool«, fand Suri und pfiff durch die Zähne. »Aber kannst du dich dann überhaupt wandeln?«

Juna probierte es. Sie stellte sich fest vor, ein Baum zu sein und legte ihre Hand auf die Äste um sie herum, aber nichts passierte. Suri gab ihr den Tipp, tief durch die Haare zu atmen. Sie machte es vor und wurde automatisch zu einem Strauch. Juna gab sich alle Mühe, aber ohne Erfolg.

»Macht nichts«, tröstete Suri sie. »Einigermaßen klettern kannst du ja…«

»Einigermaßen?«, empörte Juna sich scherzhaft. Der Schock über ihr Familiengeheimnis war einem Gefühl der Erleichterung gewichen. Endlich hatte sie eine Erklärung dafür, dass sie anders war als ihre Klassenkameradinnen zu Hause. Trotzdem blieben ein paar Fragen. Wo gehörte sie nun hin? In die Menschenwelt oder hierher? Sie konnte ihre Gestalt nicht ändern, und bestimmt war sie auch nicht so schnell wie die Waldwandler.

»Mit einer Raupi könntest du es sicher aufnehmen«, provozierte ihre Freundin sie freundschaftlich, drehte sich auf den Bauch und robbte albern herum.

Juna lachte und sprang auf. Plötzlich hatte sie den dringlichen Wunsch, die Baumriesen um sie herum zu erkunden. »Lust auf ein Wettklettern?«

»Und ob«, grinste Suri und war ebenfalls flugs auf den Beinen. »Ich wollte dir sowieso noch etwas zeigen.« Schon witschte sie flink wie ein Eichhörnchen den Stamm empor. »Wo bleibst du denn, Halbschwester?«, neckte sie sie.

Juna schlüpfte aus ihren Schuhen und schwang sich auf den nächstgelegenen Ast. In der Dunkelheit fiel es ihr schwer, die Stellen auszumachen, wo sie Halt finden konnte. Ihr Wunsch, bis in die Wipfel zu steigen, wich plötzlich der Furcht, sie könne abstürzen.

»Ich kann nichts sehen!« Ihre Augen waren zwar genauso grün, aber offenbar nicht so gut wie die der Waldwandler.

»Das musst du auch nicht. Der Baum ist dein Freund, er wird dich nicht im Stich lassen«, rief Suri von oben.

Juna wusste, dass sie recht hatte. Nur, wie sollte das gehen?

»Mach die Augen zu und lass dich tragen«, gab Suri ihr einen Rat.

Juna befolgte ihn, umarmte blind die raue Rinde, bis sie eins mit ihr wurde. Ihre Füße rutschten nicht mehr ab, ihre Hände klebten fest am Stamm. Zug um Zug fühlte sie sich sicherer und ein neues Selbstbewusstsein durchströmte sie. Sie war eine Waldwandlerin, daran bestand kein Zweifel.

»Wenn du weiter so trödelst, verpasst du die Aufführung«, kam es aus dem Wipfel.

»Bin gleich da!« Jetzt hatte Juna überhaupt keine Angst mehr. Eine ungeahnte Kraft durchströmte ihre Arme und Beine. Sie stieß sich ab und schwang sich hoch und

höher. Ein kleiner Freudenschrei entfuhr ihrer Kehle. Noch nie hatte sie sich so frei gefühlt.

»Da bist du ja, kleine Raupi«, frotzelte Suri, als Juna bei ihr angekommen war. Sie

saß in einer Astgabel, über ihr breitete sich der dunkelblaue Nachthimmel in seiner ganzen Schönheit aus.

»Wie wundervoll«, hauchte Juna.

»Dabei hat die Vorstellung noch gar nicht begonnen«, sagte Suri. Sie pfiff leise und aus den Bäumen um sie herum erhoben sich unzählige Glühwürmchen. Sie tanzten einen funkelnden Reigen, formten Blüten und Wellen aus Licht. Es war zauberhaft.

»Das ist meine Balletttruppe«, erklärte Suri stolz. »Ich bin die Trainerin.«

Juna applaudierte, die Glühwürmchen flogen eine Zugabe, Suri lachte glücklich. Und genau in diesem Moment fasste Juna einen Entschluss.

Der erste Schultag

»Du willst *was*?« Ihre Mutter klang schrill. Vielleicht lag es aber auch nur daran, dass die Telefonverbindung schlecht war. Juna trommelte ungeduldig auf Elvas Schreibtisch, während ihre Großtante scheinbar unbeteiligt in einem Buch blätterte. Elvas Büro lag ebenso wie viele weitere Räume unter der Erde und war durch einen langen Gang mit den Gewächshäusern verbunden.

Durch einen Lichtschacht in der Decke drang frühes Morgenlicht. Juna hatte darauf bestanden, gleich nach dem Aufstehen bei ihrer Mutter anzurufen, auch wenn in Amerika zu diesem Zeitpunkt noch tiefste Nacht war. Sie musste einfach das, was sie erfahren hatte, loswerden – vor allem aber ihren Wunsch: »Ich möchte mich zur

Pflanzenheilerin ausbilden lassen. In Rigmoor!«, wiederholte Juna sehr deutlich und sehr laut.

»Das habe ich verstanden, du musst nicht schreien.«

»Ach so, gut«, sagte Juna verdutzt.

»Nichts ist gut!«, raunzte ihre Mutter zurück. »Ich will nicht, dass du dort zur Schule gehst.«

»Aber warum? Du hast hier doch auch den Unterricht besucht.« Das hatte Elva ihr verraten.

»Rigmoor ist viel zu weit weg von unserem Zuhause. Wo ich meinen Job als Ärztin habe, den ich liebe und ...«

Juna unterbrach sie. »Das ist kein Problem. Hier gibt es eine Arztpraxis, sogar mit Operationssaal. Und viele Forschungslabore.« Die hatte Juna auf dem Weg zu Elvas Büro gesehen. Richtig modern waren sie, dank Elvas Forschungsgeldern. Mama würde es bestimmt mögen und sie könnten gemeinsam hier wohnen. Sogar den Platz für ein Haus hatte Juna sich bereits ausgesucht. Eine dicke Buche gleich neben Suris Baumhaus. Alles könnte so schön sein. Leider schien ihre Mutter nicht besonders glücklich mit Junas Plänen zu sein. In der Leitung rauschte es wie ein herannahender Sturm.

»Bitte, Mama. Ich gehöre doch zu den Waldwandlern, zumindest zur Hälfte«, flehte Juna.

Statt einer Antwort schnappte ihre Mutter nur nach Luft und sagte: »Gib mir mal Elva.«

Juna pfefferte das Telefon enttäuscht auf den Tisch, von wo ihre Großtante es aufnahm. Sie hatte gehofft, ihre Mutter würde nichts dagegen haben. Aber statt Juna wie sonst liebevoll zu unterstützen, blockte sie alles ab, was mit den Waldwandlern zu tun hatte.

»Was zum Teufel hast du dir dabei gedacht?«, konnte Juna ihre Mutter jetzt quer durch den Raum hören. Noch nie hatte sie sie so wütend erlebt.

Elva drehte die Lautstärke herunter und erwiderte gelassen: »Die Wahrheit hat sich ihren eigenen Weg gesucht.«

»Blödsinn! Bis gestern war meine Tochter ein ganz normales Mädchen. Und ich will, dass sie das wieder wird.«

»Das war sie nie und das wird sie nie sein, das weißt du genau«, konterte Elva. »Lass sie die Ausbildung machen, ich passe auch auf sie auf.«

Darauf trat eine kurze Stille ein. Juna hielt den Atem an und drückte beide Daumen, dass ihre Mutter Elvas Vorschlag zustimmen würde. Doch umsonst. »Es war ein Fehler, sie bei dir zu lassen. Ich komme und hole sie«, ließ sie Junas hellsten Wunsch platzen.

»Nein«, rief Juna verzweifelt und streckte die Hand nach dem Hörer aus.

Aber Elva hatte schon aufgelegt. Bedächtig legte sie das Telefon beiseite, ging an Juna vorbei zu einem Schrank, holte einen Stundenplan daraus hervor, reichte ihn ihr und sagte mit einem verschwörerischen Lächeln: »Du musst dich beeilen, wenn du nicht zu spät zur ersten Stunde kommen willst.«

Es dauerte einen Augenblick, bis Juna verstand, was Elva damit meinte. Dann war ihre Freude darüber jedoch kaum zu halten. Auch wenn das schlechte Gewissen sie zwickte, so war Juna sich doch sicher, dass ihre Mutter nichts mehr dagegen haben würde, sobald sie sah, wie glücklich Juna in der Pflanzenheilerschule war.

Der Lehrer hingegen schien nicht besonders erfreut, dass Juna wenig später in seinen Unterricht platzte. »Eine neue Schülerin? Davon weiß ich gar nichts«, schnarrte er und musterte sie skeptisch. Sein Blick blieb an ihren hellen Haaren hängen. »Wo kommt sie denn her?«

Die Schülerschar, die sich um einen Schneeballbusch versammelt hatte, begann zu tuscheln. Alle Augen waren auf Juna gerichtet. Das erwartungsvolle Lächeln gefror auf ihren Lippen und ihr Herz pochte nun ängstlich bis zum Hals. Was, wenn sie sie nicht dabeihaben wollten?

»Juna bringt gute Vorkenntnisse mit«, erklärte Elva, ohne auf die Frage nach Junas Herkunft einzugehen. »Es dürfte kein Problem sein, dass sie ins laufende Schuljahr einsteigt.«

»Sie hat wirklich was drauf«, bestätigte eine bekannte Stimme. Sie gehörte Suri, die sich jetzt nach vorne drängelte und Juna bei der Hand nahm. Die atmete erleichtert auf. Es tat unglaublich gut, ihre Freundin zu sehen.

»Soso, und an welcher Schule war sie?«

»Sie hat sich alles selbst beigebracht«, erwiderte Elva und Suri fügte hinzu: »In Menschenschulen lernt man nämlich keine Pflanzenheilkunde, nur Mathe und so was.«

Ein entsetztes Raunen ging durch die Klasse.

»Ein Mensch?«, zischte der Lehrer Elva an. »Du bringst einen *Menschen* hierher?« Er spuckte das Wort aus, als würde es bitter schmecken.

»Sie ist eine Waldwandlerin, so wie du einer bist, Fenno«, entgegnete Elva und richtete sich zu ihrer vollen Größe auf. »Und du wirst sie ausbilden.«

Juna biss sich auf die Unterlippe. Mit so viel Ablehnung hatte sie nicht gerechnet. Würde Fenno sie als Schülerin akzeptieren?

Der Lehrer sagte nichts, sondern schnaubte nur verächtlich in die eingetretene Stille.

Elvas Blicke durchbohrten ihn. »Nun gut. Dann bestimme ich als Schulleiterin und Gründerin von Rig-

moor, dass du Juna in deine Klasse aufnimmst«, sagte sie, dann nickte sie Juna aufmunternd zu und schritt davon.

Junas Herz rutschte in die Hose. So hatte sie sich ihren ersten Schultag in Rigmoor nicht vorgestellt. Sie hatte geglaubt, dass sie endlich ihre wahre Heimat gefunden hätte. Dass die Waldwandler sie freundlich aufnehmen würden. So wie Suri es tat. Aber bis auf ihre Freundin blickten ihr die anderen Kinder misstrauisch entgegen und Juna fühlte sich als Außenseiterin, genauso wie in der Menschenwelt. Aber vielleicht mussten die anderen sie erst kennenlernen. Darum nahm sie ihren ganzen Mut zusammen und grüßte schüchtern in die Runde: »Hallo! Ich freue mich, bei euch mitmachen zu dürfen.«

Sie lächelte, aber niemand lächelte zurück. Alle drehten sich von ihr weg und Fenno fuhr, ohne auf Junas Begrüßung einzugehen, mit dem Unterricht fort. »Nun, also, wo waren wir…«

»Mittel zur Bekämpfung von Blattläusen«, sagte ein Mädchen mit abstehenden Ohren.

»Richtig. Danke, Berenike. Wer weiß etwas dazu?«

Ein Junge mit Stubsnase, den Fenno Hilger nannte,

zählte auf: »Brennnessel, Oregano, Rainfarn-Brühe, Wermut-Tee, Ackerschachtelhalm-Jauche.«

Das hätte Juna auch gewusst und noch einiges mehr. Aber sie traute sich nicht, sich zu melden.

»Sehr gut. Was noch?« Fenno sah reihum.

»Knoblauchtee«, rief Suri dazwischen und zwinkerte Juna zu.

»Zwiebeln kann man auch nehmen«, nickte der Lehrer.

»Gegen die schwarze Bohnenlaus hilft eine Brühe aus Rhabarberblättern«, sagte Berenike und deutete auf den Schneeballbusch, der einen schlimmen Befall mit den Schädlingen aufwies.

»Auch das, auch das.« Fenno schien sehr zufrieden mit seinen Schülern. Juna wollte nun ebenfalls etwas sagen. Aber Fenno nahm sie nicht dran.

Dafür durfte Hilger Marienkäfer, Schwebfliegen und Gallmilben als natürliche Feinde der Blattläuse nennen.

»Ich glaube, jetzt haben wir alles«, wollte Fenno das Thema damit beenden. Aber Juna hatte noch eine Idee. Energisch reckte sie den Finger. Das war ihre Chance zu beweisen, dass sie eine gute Pflanzenheilerin war.

Fenno wollte sie erst wieder ignorieren, aber Suri machte ihn auf Juna aufmerksam.

»Ja bitte?«, überließ der Lehrer ihr widerstrebend das Wort.

»Schmierseife ist ein tolles Mittel gegen Blattläuse«, platzte Juna aufgeregt heraus.

Fenno verzog angewidert die Mundwinkel. »War ja klar, dass ein Mensch mit Gift kommt. Überall kippt ihr eure Chemie drauf!« Er funkelte Juna böse an und sagte an die anderen Schüler gewandt: »Das vergesst ihr ganz schnell wieder. Wir Waldwandler nutzen kein Menschenzeugs.«

»Aber Schmierseife ist ungiftig«, wollte Juna ihn überzeugen. »Sie enthält kein Mikroplastik, keine Duftstoffe, keine Farb–«

»Genug jetzt«, unterbrach Fenno sie barsch.

»Juna hat recht«, sprang Suri ihr bei. »Ich habe das auch im I...«, sie räusperte sich, »... irgendwo schon mal gelesen.«

»Es reicht!«, schnauzte Fenno sichtlich verärgert. »Wir sind hier in Rigmoor. Weit weg von den Menschen. Und so soll es auch bleiben.« Er sah Juna feindselig an.

Die hielt seinem Blick stand. Sie war sauer, weil er ihre Antwort runtergemacht hatte, nur weil Schmierseife nicht aus seiner Welt kam. Vor allem aber, weil er grundlos gemein zu ihr war. Ein Kampfeswille erwachte in ihr. Sie würde allen beweisen, dass sie hierhergehörte. Und als Fenno fragte, wer die Biebox melken wollte, trat Juna entschlossen vor.

Giftstachelalarm

»Bist du verrückt geworden? Das ist lebensgefährlich!«, zischte Suri auf dem Weg zum Biebox-Käfig und klärte Juna darüber auf, dass die Vögel äußerst angriffslustig seien und ihr Gift sofort tödlich. Die Klasse übte seit vielen Wochen, wie man sich den Biebox nähern konnte, ohne gestochen zu werden. Vom Giftmelken waren sie noch weit entfernt, das kam normalerweise erst in den Abschlussklassen dran.

Was hatte Fenno sich nur dabei gedacht? Hatte er Juna eine Falle gestellt? Es sah ganz danach aus. Denn als sie am Käfig angekommen waren, machte der Lehrer keine Anstalten, Juna irgendwelche Anweisungen zu geben oder sie gar zu begleiten. Er setzte sich auf eine Bank und blätterte seelenruhig in einem Buch.

Esben, der als Notfallsanitäter den Kurs begleitete, reichte Juna die Schutzausrüstung. Dazu gehörte ein Ganzkörperanzug mit Helm und Handschuhen sowie ein Spray aus Lavendelblüten, das die Vögel beruhigen sollte. »Bist du sicher, dass du dir nicht zu viel vorgenommen hast? Wir wollen dich nicht gleich wieder verlieren«, heuchelte er Mitgefühl.

»Mach dir keine Hoffnungen, sie kommt schon klar«, ätzte Suri zurück. Aber Juna bemerkte ihre besorgten Blicke. Und ihr selbst war auch ganz anders. Ihre Hände zitterten, als sie den Reißverschluss bis unters Kinn hochzog.

»Viel Glück!«, wünschte Suri und gab ihr den Tipp, sich zeitlupenlangsam anzuschleichen. Leider hatte ihre Freundin keine Ahnung, wie man das Gift abzapfte.

Juna musste einfach darauf hoffen, dass ihr schon etwas einfallen würde. Wenn sie überhaupt nah genug an die Biebox herankam. Sie warf ihrer Freundin ein letztes wackeliges Lächeln zu und schlüpfte in das Gehege. Die bunten Vögel hockten friedlich in ihrem Baum und zwitscherten. Juna machte ein paar vorsichtige Schritte auf sie zu. Die Vögel ließen sich davon nicht stören. Juna entspannte sich gerade etwas, da schrie jemand: »Achtung!«

Juna zuckte zusammen. Ein schallendes Lachen folgte. Esben hatte sich einen dummen Scherz erlaubt. Das Gelächter machte die Vögel jedoch nervös. Sie flogen kreischend auf und umschwirrten Juna. Die umklammerte die Flasche mit dem Beruhigungsspray. Ihre Hände waren eiskalt und schwitzig. Erst jetzt bemerkte sie,

dass sie vergessen hatte, die Handschuhe anzuziehen. Oh nein, wie sollte sie ohne Schutz das Gift in das Glas pressen?

Sie musste abbrechen. Auch wenn sie dafür sicher viel Hohn und Spott ernten würde. Langsam wich Juna zurück zur Tür. Aber die Biebox versperrten ihr den Weg. Ihre silbrigen Stacheln blitzten unter ihren Schwänzen.

Juna hörte einen Angstschrei, es war ihr eigener.

»Benutz das Spray«, rief ihr jemand zu.

Juna tat es. Doch das stellte sich als ein Fehler heraus. Kaum dass sie den Beruhigungsduft verteilt hatte, flippten die Biebox vollkommen aus. Und auch ihr selbst tränten mit einem Mal die Augen und in ihrer Nase kitzelte es, dass sie niesen musste. Das war doch kein Lavendel, es war Pfeffer, den sie da versprüht hatte!

Die Biebox schimpften erbost. Sie kamen näher und näher, ein Stachel streifte fast ihre nackte Hand.

Juna kauerte sich schutzsuchend auf den Boden. »Bitte aufhören«, rief sie den Vögeln in ihrer Verzweiflung zu, auch wenn sie wusste, dass die Tiere sie nicht verstehen konnten. Doch merkwürdigerweise hielten die Biebox in ihrem Angriff inne und setzten sich, einer nach dem anderen, im Kreis um sie herum. Juna bekam kaum Luft, so

schnell pochte ihr Herz. Schwarze Biebox-Augen fixierten sie, als warteten sie gespannt, was sie noch zu sagen hatte.

»Ich wollte euch nicht ärgern oder gar veletzen«, sprach Juna weiter und versuchte, ganz ruhig zu bleiben.

Einer der Biebox flötete empört zurück.

»Es tut mir wirklich sehr leid. Die Pfefferlösung war ein Versehen«, entschuldigte sie sich. »Wisst ihr, wir brauchen euer Stachelgift für Medizin. Damit heilen wir kranke Pflanzen.« Sie zeigte auf das dichte Grün in dem Vogelgehege. Die Biebox sahen sich um, dann, so schien es, nickten sie einander zu.

Juna, die plötzlich keine Angst mehr verspürte, wagte sich ein wenig vor: »Würdet ihr mir helfen?« Sie zeigte das Gefäß, in dem sie das Gift sammeln sollte. Und tatsächlich kam ein Vogel nach dem anderen auf sie zugeflogen, setzte sich auf das Glas und gab freiwillig etwas von dem Stachelsaft hinein. Draußen brandete Beifall auf.

»Komm raus, schnell!«, hörte sie Suri rufen. Aber Juna war noch nicht fertig. Erst verabschiedete sie sich von den bunten Vögeln, die nun in Achten um ihren Kopf kreisten. »Bis bald, meine Lieben«, winkte sie ihnen zu und machte sich dann auf den Rückweg.

Kaum hatte sie die Käfigtür hinter sich geschlossen, fiel Suri ihr um den Hals. »Wow, war das cool. Juna, die Biebox-Bändigerin! Verrätst du mir deinen Trick?« Die anderen Schüler umringten sie, begierig, die Antwort auf Suris Frage zu hören.

Juna zuckte mit den Schultern. Sie wusste selbst nicht, wie sie das geschafft hatte. »Ich habe nur höflich gefragt«, sagte sie schlicht.

»Woher kennst du ihre Sprache?«, hakte Berenike nach.

»Was meinst du damit?«, wunderte sich Juna. Sie hatte doch ganz normal mit den Vögeln geredet.

»Na, das Gezwitscher«, fügte Hilger ungeduldig hinzu.

»Macht euch nicht lächerlich. Juna hat nicht mit den Biebox gesprochen, sie hat nur albern rumgeflötet«, antwortete eine kalte Stimme an Junas Stelle. Esben war zu ihnen getreten und sah Juna mit zusammengekniffenen Augen an. Juna kam das Pfefferspray wieder in den Sinn. War das wirklich nur eine unglückliche Verwechslung gewesen? Oder hatte Esben es ihr absichtlich gegeben?

Sie wollte ihn gerade zur Rede stellen, da trat Nava zu der Gruppe. »Eine gute Ernte«, lobte sie und nahm Juna das Gefäß ab. Sie lächelte anerkennend, während Fenno im Hintergrund nur wieder abfällig schnaubte.

Aber das ärgerte Juna nicht. Sie hatte den Waldwandlern bewiesen, dass sie etwas konnte. Auch wenn sie keinen blassen Schimmer hatte, wie es ihr gelungen war, mit den Vögeln zu reden. Es war genauso unerklärlich wie ihre Fähigkeit, die Waldwandlersprache zu verstehen. Juna nahm sich vor, Elva später dazu zu befragen.

Doch jetzt läutete es erst mal zur Frühstückspause. Oder waren das Alarmglocken, die da schrillten? Suri und die anderen sahen aufgeschreckt aus.

»In den Schutzraum!«, befahl Fenno und Esben drängte die Schüler einen Gang entlang. Über ihren Köpfen hörte Juna ein bekanntes Kreischen. Und es klang nicht friedlich. Die Biebox waren frei – und wild.

»Du hast den Käfig nicht richtig zugemacht«, beschuldigte Esben sie, nachdem sie sich in einen kleinen fensterlosen Raum gedrängt hatten.

»Doch!«, widersprach Juna. Sie war sich hundertprozentig sicher, dass sie den Riegel vorgeschoben hatte.

»Vielleicht war er nicht richtig eingerastet. In dem

Trubel kann das schon mal passieren«, sagte Suri und streichelte beschwichtigend über ihren Rücken. Juna schüttelte sie ab. Dass Esben ihr den Biebox-Ausbruch in die Schuhe schieben wollte, überraschte sie nicht. Aber dass Suri ihr offenbar nicht glaubte, verletzte sie. War sie, nur weil Menschenblut in ihr floss, automatisch an allem schuld?

Esbens Blick beantwortete ihre unausgesprochene Frage. Er hielt Junas Anwesenheit in Rigmoor für einen großen Fehler und wollte, dass sie von hier verschwand. Das konnte Juna deutlich in seinem Gesicht lesen.

»Ich helfe, sie wieder einzufangen«, hielt sie ihm trotzig entgegen. So schnell ließ sie sich nicht einschüchtern. Aber Esben behauptete, es sei zu gefährlich und verbot es ihr.

Juna schnaubte gereizt. Als ob dieser Kohlkopf sich um ihre Gesundheit sorgte! Pah. Juna machte noch einen Versuch, ihn umzustimmen. Schließlich waren die Biebox und sie so was wie Freunde. Doch Esben ließ nicht mit sich reden und schloss sogar die Tür ab, als er ging. Und so konnte Juna nichts anderes tun, als sich zu den anderen auf den Boden zu setzen und zu warten. Suri machte mehrere Anläufe, mit ihr zu reden, aber Juna war zu genervt und enttäuscht, um darauf einzugehen. Sie hörte, wie Berenike und Hilger hinter ihrem Rücken tuschelten und ihre Stimmung wurde immer düsterer.

Irgendwann verkündete ein fröhlicher Dreiklang, dass alles wieder in Ordnung war. Leider traf dies für Juna nicht zu: bei ihr war gerade alles doof! Ihre Klassenkameraden hassten sie, ihre einzige Freundin stand nicht hinter ihr, wenn es brenzlig wurde und ihre Mutter war sowieso dagegen, dass sie hier war. Juna wollte nur noch weg. Und als die Tür endlich aufgeschlossen wurde, stürmte sie geradewegs nach draußen und hielt erst am großen Eichentor an, das die Waldwandlerwelt von ihrer trennte.

Schluchzend ließ sie sich auf den mächtigen Wurzeln der uralten Bäume nieder. Vielleicht hatte ihre Mutter recht und sie sollte in ihr altes Leben zurückkehren. Nur gehörte sie da nicht hin. Genauso wenig wie hierher. Tränen rannen heiß über ihre Wangen. Noch nie hatte sie sich so einsam gefühlt. Doch sie war nicht allein! Sternchen hatte sich unbemerkt auf ihrem Kopf niedergelassen. Jetzt zupfte sie an ihren Haaren.

»Ach, du bist es«, schniefte Juna und hielt ihrer Libellenfreundin die Hand hin, damit sie sich daraufsetzen konnte. Sternchen schien jedoch keine Zeit für einen Plausch zu haben. Sie umschwirrte Juna, wie damals in der Küche. War etwa wieder jemand in Gefahr?

»Zeig mir, was los ist«, bat Juna sie und Sternchen zischte sofort auf die Gewächshäuser zu. Juna folgte ihr bis zu einem kleinen Nebengebäude, dessen Fenster mit bunten Girlanden geschmückt waren. Eine Schaukel hing im Garten davor und Spielzeuge lagen im Gras. Dies war offensichtlich ein Kindergarten. Juna zögerte, die Hand auf der Klinke. So wie ihr Tag heute lief, würden die Waldwandler sie bestimmt bezichtigen, sie wolle den Kindern etwas Böses tun. Aber was, wenn eines von ihnen tatsächlich in Schwierigkeiten steckte?

Juna hatte keine Wahl, sie musste es herausfinden. Entschlossen trat sie ein. Sofort umfing sie fröhliches Kinderlachen. Kleine Waldwandlermädchen und -jungen saßen an einem runden Tisch und befüllten Töpfe mit Erde, einige zählten Samen ab. Eine Frau in gelbem Kleid verteilte Gießkannen. Jetzt bemerkte sie Juna.

»Kann ich dir helfen?«, fragte sie mit einem freundlichen Lächeln.

Juna wusste nicht, was sie darauf sagen sollte. Eigentlich hatte sie ihr helfen wollen. Nur wobei? Alles schien ruhig zu sein.

»Ja, also …«, begann Juna zögernd und blickte sich suchend um. Weswegen hatte Sternchen sie hierhergeführt?

Die Antwort darauf fand sie unter der Decke, wo wilder Wein wucherte. Ein Biebox hatte es sich dort gemütlich gemacht und pickte reife Beeren. Er war wohl von der Rettungstruppe übersehen worden.

Die Erzieherin folgte Junas Blick und schrie vor Entsetzen auf.

»Alle Kinder unter den Tisch. Und ganz ruhig bleiben«, sagte sie und Juna ging bedächtig auf den Vogel zu.

»Hallo, mein Hübscher«, sprach sie ihn an. »Möchtest du nicht zu deinen Freunden zurück?«

Darauf antwortete der Biebox mit einem Fauchen und flatterte eine Etage höher. Offenbar hatte er nicht vor, seine neu gewonnene Freiheit und die leckeren Weinbeeren aufzugeben. Juna versuchte nochmals, den Vogel zu überreden, heimzugehen. Doch der wurde nur wütend, weil Juna ihn nicht in Ruhe ließ. Jetzt begann er sogar, Juna anzugreifen. Er schoss zu ihr herun-

ter und verfehlte sie mit seinem Stachel nur
knapp.

Die ersten Kinder weinten. Juna kam ins
Schwitzen. Gutes Zureden schien bei diesem Exemplar nichts zu nutzen. Und jetzt?
Sie sah sich nach etwas um, womit sie den
Vogel fangen konnte, und entschied
sich kurzerhand für eine Tischdecke.
Vielleicht traute Sternchen sich, ihn
ablenken? Aber die Gespensterlibelle
hatte sich aus dem Staub gemacht.

Juna konnte es ihr nicht verdenken,
denn der Biebox hatte mittlerweile
wirklich miese Laune. Er saß auf
einem hohen Balken und kreischte böse. Juna raufte sich die Haare. Wie
sollte sie bloß an ihn rankommen, ohne
sich den Hals zu brechen? Oder gestochen
zu werden? Sie brauchte dringend Hilfe!

Und die kam genau im richtigen Moment. Sternchen war zurück. Im Gepäck hatte sie Suri und Lola.
Juna hätte vor Erleichterung und Freude beinahe laut
losgejubelt. Suri schoss freudestrahlend auf sie zu. Juna

legte einen Finger auf die Lippen und gab ihrer Freundin stumm zu verstehen, was hier los war. Die nickte und flüsternd heckten sie einen Plan aus.

Lola war als Erste dran. Sie witschte keckernd auf die Weinranken und bewarf den Biebox mit Trauben. Der Vogel flog schimpfend auf und Sternchen übernahm. Sie drehte so wilde Loopings um ihn, dass Juna nur vom Zugucken ganz duselig wurde. Tatsächlich würgte der Vogel bald einen undeutlichen Laut hervor und trudelte zu Boden. Sofort waren Suri und Juna zur Stelle und warfen die Decke auf ihn.

»Geschnappt«, rief Juna erleichtert und Suri strahlte: »Wir sind Heldinnen!«

Strohkopf und Weißkrauttroll

Leider fanden nicht alle ihre Rettungsaktion heldenhaft. Die Kindergärtnerin bedankte sich zwar herzlich bei den Mädchen, aber die meisten fanden ihr Handeln leichtsinnig. Es kursierte sogar das Gerücht, Juna hätte den Biebox extra in den Kindergarten geschafft, damit sie die Heldin spielen konnte. Dazu kamen gemeine Bemerkungen über ihr Aussehen. »Strohkopf« und »Weißkrauttroll« nannten die anderen sie und lachten sich darüber kaputt. Das setzte Juna ziemlich zu. Und als sie nach dem Mittagessen mit Suri in das Baumhaus stieg, war sie kurz davor loszuheulen.

»Ich habe da was, das wird dich aufmuntern«, versprach Suri und verschwand in ihrer Schlafecke. Kurze Zeit später kam sie mit ihrem Smartphone wieder. Sie hielt es in den Händen wie einen kostbaren Schatz.

»Nava darf nichts davon wissen«, wisperte sie. »Elva hat es für mich startklar gemacht und lädt es von Zeit zu Zeit auf. Deine Großtante ist echt cool.«

Juna nickte. Elva wollte immer nur das Beste: Für Suri ein Stückchen Menschenwelt, für Juna Rigmoor. Leider hatte sie sich in ihrem Fall geirrt. Die Ablehnung, die Juna hier entgegenschlug, machte sie sehr traurig.

Suri schien sie mit dem Handy allerdings glücklich gemacht zu haben. Die strahlte über das ganze Gesicht, als sie jetzt einen fetzigen Hip-Hop-Song abspielte.

»Yeah, aha, yeah«, sang sie und wackelte dabei mit dem Po. Dagegen hatte Junas Trübsal keine Chance. Sie musste unwillkürlich grinsen und tanzte kurze Zeit später gemeinsam mit ihrer Freundin, dass das Baumhaus wackelte.

»Was ist denn hier los?«, kam es von unten, als Suri gerade einen neuen Song heraussuchen wollte. Hektisch ließ ihre Freundin das Smartphone unter einem Kissen verschwinden. Eben noch rechtzeitig. Denn jetzt steckte Nava ihren Kopf durch den Vorhang, der Suris Zimmer vom Rest der Etage abtrennte.

»Wir …, also …«, stotterte das Waldwandlermädchen und wurde unter ihrer braunen Haut rot.

»Ich habe Suri ein paar Lieder aus meiner Welt vorgesungen«, half Juna ihr aus der Patsche und stimmte einen Popsong an, den sie kürzlich im Radio gehört hatte. Suri trommelte kurzerhand auf ihren Schulbüchern dazu. Nava hielt sich theatralisch die Ohren zu. »Mir wäre es lieber, du würdest unsere Naturlieder lernen«, sagte sie mit einem schmallippigen Lächeln und fragte die Mädchen dann, ob sie ihre Hausaufgaben schon gemacht hätten.

Suri stöhnte und auch Juna hatte wenig Lust auf das, was Fenno ihnen aufgebrummt hatte: den Gemüsegarten aufräumen! Doch als sie Navas strengen Blick sahen, machten sich die Freundinnen rasch auf den Weg. Von Zoff und Knatsch hatte Juna für heute genug.

Leider begegnete ihr auf dem Weg zum Gewächshaus noch jede Menge garstiges Getuschel. Ein Mädchen mit kurzen Haaren sagte so laut, dass alle es hören konnten: »Vorsicht, die Menschen kommen! Bald ist Rigmoor ein Zoo, wo wir in Käfigen sitzen und begafft werden.«

»Und dich werden sie zu den Kröten sperren«, fauchte Suri sie an.

Die Kurzhaarige packte Suri daraufhin am Kragen und Juna ging dazwischen: »Entspannt euch.«

Zum Glück ließ das unbekannte Waldwandlermädchen von Suri ab und Juna zog ihre Freundin am Ärmel weiter.

»Das war gerade echt krass«, murmelte Suri und blickte auf ihre Hände, die sie abwechselnd zur Faust ballte. »Im einen Augenblick wollte ich der miesen Kröte eine verpassen, und im nächsten hatte ich das Bedürfnis, sie zu umarmen und mit ihr über alles zu reden.«

»Wir müssten uns wirklich mal aussprechen«, stimmte Juna ihr zu. Sie verstand die Sorge der Waldwandler und würde sie gern davon überzeugen, dass keine Gefahr von ihr ausging. Nur wie?

»Vielleicht könnte dein Vater dir dabei helfen«, überlegte Suri, nachdem Juna ihr ihre Überlegungen mitgeteilt hatte.

»Wenn ich nur wüsste, wer er ist?«, grübelte die und hakte sich bei Suri unter. »Möglicherweise sind wir ja sogar Halbschwestern, das wäre toll.«

Suri schüttelte bedauernd den Kopf. »Leider nein. Das wüsste ich.«

»Wo sind deine Eltern eigentlich?«

»In Brasilien. Sie bauen dort eine Regenwaldschule auf.«

»Es gibt also noch mehr von uns?«

»Klar, was denkst du denn?«, sagte Suri und erklärte Juna dann, dass außerdem noch Wellenwandler, die in den Meeren lebten, sowie Feuerwandler existierten. »Aber mit denen haben wir wenig zu tun«, schloss sie und seufzte schwer. »Man kommt aus diesem Kaff einfach nicht raus. Ich wäre voll gern mit meinen Eltern mitgegangen.«

»Dann hätte ich hier gar keine Freundin.« Juna schob traurig die Unterlippe vor. Sie hatte es nicht leicht als Halb-Waldwandlerin in Rigmoor. Die meisten betrachteten sie als komische oder gar gefährliche Fremde. Trotzdem wollte Juna nicht zurück nach Hause. Dort fühlte sie sich noch mehr als Außenseiterin. Sie dachte an ihre Mutter und dass sie bald kommen und sie abholen würde. Und wahrscheinlich war sie nach wie vor stinksauer. Diese Vorstellung machte Juna noch bedrückter.

»Lass den Kopf nicht hängen.« Suri gab ihr einen Kuss auf die Wange. »Komm, wir stromern durch den Wald und suchen süße Beeren.«

»Erst machen wir Hausaufgaben«, sagte Juna und lächelte schief. Mit Suri an ihrer Seite konnte sie nicht lange betrübt sein. Selbst wenn man lästige Gartenarbeiten erledigen musste.

»Streberin«, stöhnte Suri, aber Juna blieb hart: »Ich binde die Gurken hoch und kümmere mich um die Tomaten und du verziehst die Radieschen.«

»Langweilig«, maulte Suri.

»Gemüsepflanzen sind unsere Ernährungsgrundlage«,

sagte da jemand hinter ihnen. Es war Esben. Wo kam der denn schon wieder her? Juna verdrehte insgeheim die Augen, während er aufgeblasen weitersprach: »Darum muss man sie hegen und pflegen.«

»Was sonst der Kindergarten macht«, schnauzte Suri zurück.

»Aha, die Superheldinnen sind sich für Gemüse zu schade ...«

»Natürlich nicht«, lenkte Juna ein, auch wenn sie langsam die Nase voll von diesem Blödmann hatte. »Wir machen das gern.«

Esben ignorierte sie und brabbelte im Weggehen weiter: »Typisch Mensch. Glaubt, er steht über der Natur.«

Suri warf ihm eine unreife Tomate nach, traf aber nicht. »Ich hasse ihn!«

»Er scheint nur darauf zu lauern, dass ich einen Fehler mache«, murmelte Juna mehr zu sich selbst. »Aber diesen Gefallen werde ich ihm nicht tun!«

Sie steckte sich eine lose Strähne hinter das Ohr und sprintete los.

»Wo willst du hin?«, rief Suri ihr nach.

»Tomatendünger holen. Meine Hausaufgaben werden die rötesten Früchte aller Zeiten tragen!«

Merkwürdige schwarze Flecken

Doch es sollte alles anders kommen. Als Juna am nächsten Morgen ins Gewächshaus kam, um nach ihren Tomaten zu sehen, traf sie der Schlag.

»Das kann doch nicht sein!«, keuchte sie fassungslos. Die Pflanzen, die sie stundenlang liebevoll umsorgt hatte, waren mit schwarzen Flecken übersät.

»Tomaten sind halt anfällig für Krankheiten«, meinte Suri, klang dabei aber nicht ganz überzeugt. Denn so etwas hatten beide noch nicht erlebt. Über Nacht hatte sich das Gewächshaus in einen Pflanzenfriedhof verwandelt.

»Das ist doch nicht normal!« Juna besah die Blätter, sie zerbröselten unter ihren Fingerspitzen zu Staub.

»Da hast du ausnahmsweise mal recht«, bestätigte

Esben, der jetzt zu ihnen trat, um ihre Arbeit zu begutachten. Juna hatte sich darauf gefreut, ihm die perfekt gepflegten Beete zu zeigen. Nun wollte sie am liebsten im Erdboden versinken.

»Was hast du mit den Tomaten gemacht?«, hakte Esben nach und klang dabei wie ein Richter, der eine Schwerverbrecherin anklagt.

»Gegossen, angebunden, Seitentriebe entfernt und gedüngt«, zählte Juna auf und starrte ratlos auf das schwarze Pulver in ihrer Hand. Keine der ihr bekannten Tomatenkrankheiten sah so aus. »Was ist das bloß?«

»Sag du es mir!«, schnauzte Esben sie an. »Du warst als Letzte an diesen Pflanzen. Und jetzt sind sie *tot*!«

»Gibt es ein Problem?« Fenno stand plötzlich hinter ihnen. Auch das noch!

»Juna hat die Tomaten mit einer neuartigen Erkrankung infiziert«, behauptete Esben glatt heraus, bevor Juna etwas sagen konnte.

Der blieb die Luft weg. Wie konnte Esben nur so etwas Gemeines sagen?

»Das ist eine Lüge«, sprang Suri ihr bei und Juna betonte nochmals, dass sie nichts Falsches getan habe. Esben pustete derweil demonstrativ gegen ein Blatt, das wie ein unheilvoller schwarzer Schleier zu Boden rieselte.

»Wir werden herausfinden, wer die Wahrheit sagt und wer nicht«, unterbrach Fenno das Gerangel, sah aber Juna dabei so missbilligend an, als hätte er seine Entscheidung längst gefällt. Er studierte erst den Boden, dann zog er eine Lupe aus seinem Kittel, betrachtete Blätter, Blüten und Früchte eingehend und stellte nach einer Weile mit einem Stirnrunzeln fest: »Seltsam, das habe ich noch nie gesehen!«

Dass selbst ein erfahrener Pflanzenheiler diese Erkrankung nicht kannte, beunruhigte Juna. »Was können wir dagegen tun?«, fragte sie besorgt.

»Wir?«, echote Fenno kalt. »Es gibt kein Wir. Du gehörst nicht zu uns und hast hier genug Schaden angerichtet. Ab jetzt hast du Hausverbot in Rigmoor.«

Juna konnte nicht glauben, was ihr Lehrer da sagte. »Aber…«, setzte sie zu ihrer Verteidigung an, doch Fenno unterbrach sie: »Bitte verlasse das Gewächshaus auf der Stelle.«

»Schicken Sie wieder Menschen weg, die Ihnen nicht passen?«, schnitt da eine Stimme messerscharf durch die aufgeladene Atmosphäre.

Juna, die gerade noch schockstarr dagestanden hatte, wirbelte herum. Ihre Mutter kam auf sie zugeeilt. Ihre goldenen Locken strahlten hell zwischen all dem Grün und ihre eisblauen Augen funkelten kampfeslustig.

»Wenn ich könnte, würde ich alle Menschen fortjagen«, zischte Fenno ohne Begrüßung zurück. »Weit weg auf einen toten Wüstenplaneten, wo sie nichts zerstören können.«

»Aber wir leben alle gemeinsam auf der Erde. Und wir kommen alle aus dem gleichen Meer«, sagte Elva, die zusammen mit Junas Mutter das Gewächshaus betreten hatte. »An dieser Schule wird niemand ausgegrenzt oder einfach so rausgeworfen.«

Immer mehr Waldwandler versammelten sich um das verwüstete Beet und verfolgten den Streit, der dort ausgefochten wurde.

»Bald sind wir es, die fliehen müssen«, grollte Fenno Zustimmung heischend in die Runde. »Wenn hier alles voller Menschen ist. Sie werden uns aus unseren Häusern vertreiben und unser Essen vergiften!« Er deutete auf Juna und dann auf die toten Tomaten.

»So ein Unsinn«,

unterbrach eine tiefe Stimme Fennos Hassrede. Ein Mann trat aus der Menge hervor. Er trug einen weißen Kittel, hatte eine schiefe Nase und eine Narbe an der Stirn.

Fenno warf ihm einen verächtlichen Blick zu. »War ja klar, dass du die Menschen verteidigst, Karim. Du bist und bleibst ein Verräter.«

»Jetzt beruhigen wir uns bitte und konzentrieren uns auf das aktuelle Problem«, fuhr Elva dazwischen und wies ein paar ältere Schüler an, die Räume, in denen die Krankheit ausgebrochen war, sofort abzuriegeln. Alle Anwesenden sollten ihre Kleidung wechseln und die Schuhe reinigen. Fenno bekam den Auftrag, eine Schleuse einzurichten, in der man einen Schutzanzug anlegen musste, bevor man zu den erkrankten Pflanzen ging. »Wir dürfen keine Zeit verlieren«, schloss sie und schickte Nava mit Probematerial ins Labor.

Langsam und unter aufgebrachtem Gemurmel löste die Menge sich auf. Juna hörte Worte wie »Umweltzerstörer« und »bestrafen«. Esben rempelte sie im Vorbeigehen sogar an. Juna hatte das Gefühl, gleich wie die Tomaten zu schwarzem Staub zu zerfallen. Es war alles so furchtbar. Zum Glück war ihre Mutter da, die sie mit einem liebevollen Lächeln fest an sich drückte. Das tat so unfassbar gut. Juna ging es gleich besser. Sie kuschelte sich in die warme Umarmung und wollte ihre Mum nie wieder loslassen.

Aus dem Augenwinkel sah sie Suri, die ihr mit einer Geste zu verstehen gab, dass sie sich später sehen würden, und den anderen nach draußen folgte. Jetzt waren nur noch Juna, ihre Mutter, Elva und Karim da. Der räusperte sich in die eingetretene Stille und sagte: »Hallo Marie, lange nicht gesehen.«

Ihre Mutter versteifte sich, das konnte Juna deutlich spüren. »Ich hätte gern drauf verzichtet«, erwiderte sie frostig.

»Es tut mir leid, dass ich damals nicht mit dir gekommen bin. Ich habe es zutiefst bereut«, sagte der Mann darauf und sah dabei sehr traurig aus. »Du weißt gar nicht, wie sehr ich seitdem jeden Tag gelitten habe…«

Juna sah von ihm zu ihrer Mutter – und blickte überhaupt nicht mehr durch. Denn in Mamas Augen glitzerten plötzlich Tränen. Was hatte der Typ ihr angetan?

»Ich liebe dich, Marie«, sagte er jetzt und brachte Juna damit vollkommen durcheinander.

»Ihr kennt euch?«, fragte sie überflüssigerweise.

»Er ist dein Vater«, löste Elva das Rätsel auf.

»Was?«, keuchten Juna und Karim wie aus einem Mund und schauten sich bestürzt an.

Und tatsächlich erkannte Juna sich in seinem Gesicht wieder. Sie hatte den gleichen Leberfleck am Kinn wie er und seine Lippen, die sich jetzt zu einem schüchternen Lächeln verzogen, waren wie ihre schmal.

Eine Weile standen sie einfach so da. In den Augen ihres Vaters glitzerten Tränen.

»Hallo, schön, dich kennenzulernen«, sagte er leise.

»Hi«, lächelte Juna zurück. Ihr Vater berührte sie sanft an der Schulter, seine Wangen glühten vor Glück.

In Junas Bauch kribbelte plötzlich Hoffnung und frische Energie durchströmte sie. Wie eine Pflanze, die ihre Wurzeln gefunden hatte und nun Kraft tanken konnte. Endlich fügte sich alles zusammen, gemeinsam waren sie stark: Sie und ihre Familie würden die Waldwandler von ihrer Gutherzigkeit überzeugen! Dafür mussten sie zuerst die merkwürdige Tomatenkrankheit besiegen. Juna wollte am liebsten sofort loslegen.

Doch ihre Mutter hatte andere Pläne. »Wir machen uns gleich auf den Heimweg.«

Juna protestierte. Und auch Karim bat Marie inständig, zu bleiben. Aber die wollte davon nichts hören.

»Was ist bloß los mit dir?«, rutschte es Juna heraus. »Warum hasst du Rigmoor so sehr?«

Daraufhin erklärte ihre Mutter Juna endlich, was damals geschehen war. Der Waldwandlerrat hatte Marie vor langer Zeit für immer aus Rigmoor verbannt. Er war gegen die Liebe zwischen ihr und Karim gewesen. Und ihr Vater hatte damals nichts dagegen unternommen. Er liebte seine Heimat ebenso wie Marie, aber der Rat stellte ihn vor die Wahl: Marie oder Rigmoor. Karim konnte sich nicht entscheiden. Das hatte Marie tief verletzt und sie wollte seitdem nichts mehr mit den Waldwandlern zu tun haben.

»Und was ist mit mir?«, platzte es aus Juna heraus. »Ich gehöre in beide Welten!«

»Da hat sie recht«, pflichtete Elva ihr bei und redete Marie noch mal ins Gewissen: »Gib deiner Tochter die Chance, ihren Traum zu verwirklichen und eine Pflanzenheilerin zu werden.«

»Aber wir sind hier nicht erwünscht! Ihr habt Fenno gehört: Die Waldwandler verstoßen Juna, so, wie sie es damals mit mir gemacht haben. Und ich will nicht, dass meiner kleinen Apfelblüte wehgetan wird.« Ihre Mutter atmete schwer gegen aufkommende Tränen.

»Das werde ich diesmal nicht zulassen«, mischte Karim sich ein. »Ich stehe vollends hinter euch beiden.« Er legte behutsam einen Arm um Maries Schulter und streckte den anderen zu Juna aus.

Die nahm seine Hand und die ihrer Mutter. »Bitte. Gemeinsam können wir beweisen, dass ich nicht schuld an der Tomatenseuche bin.«

Elva nickte. »Du bist eine ausgezeichnete Forscherin, Marie. Ich könnte dich sehr gut in meinem Labor brauchen.«

Junas Mutter sah lange von einem zum anderen. Ein letztes Mal rang sie mit sich, das konnte Juna an ihren zusammengepressten Lippen erkennen, dann aber wurde ihr Blick weich und sie seufzte: »Na gut, überredet. Versuchen wir's!«

Moriella hat Hunger

In den kommenden Tagen sah und hörte Juna kaum etwas von ihren Eltern. Sie und Elva arbeiteten rund um die Uhr an einem Medikament gegen die seltsame Seuche, die sich trotz aller Bemühungen wie ein Lauffeuer ausbreitete. Ein Gewächshaus nach dem anderen musste zugesperrt werden. Nava pflegte die kranken Pflanzen und auch Suri und Juna halfen, wo sie konnten.

Gerade hatte Juna die Biebox gemolken, die mit hängenden Flügeln auf kahlen Ästen saßen. Überall sah man jetzt verdorrte Bäume und Blumen. Juna zog es bei dem Anblick das Herz zusammen. Das Heilmittel musste bald gefunden werden!

Leider wussten die Forschenden noch nicht einmal, um was für eine Erkrankung es sich handelte. Auch Juna und Suri hatten in der Bibliothek – und heimlich im Internet – nach einer Antwort auf diese Frage gesucht. Ohne Erfolg.

Versonnen schwenkte Juna das violette Biebox-Gift in dem Glas. Hoffentlich gelang es Nava, daraus eine Medizin herzustellen, die dieses Grauen beendete. Schließlich war sie die Biebox-Spezialistin in Rigmoor.

»Das ist alles deine Schuld!«, unterbrach eine bissige Stimme Junas Gedanken und Esben trat ihr in den Weg. »Rück endlich mit der Sprache raus, womit du unsere Pflanzen verpestet hast!«

»Hör auf, so etwas zu behaupten«, erwiderte Juna und wollte sich an ihm vorbeizwängen.

Esben stellte ihr hinterrücks ein Bein und Juna stürzte zu Boden. Das Glas mit dem Biebox-Gift zerbrach und der Inhalt verteilte sich auf einer kleinen Rose mit leuchtend roten Blüten. Die schüttelte sich und Gift-Tröpfchen rieselten auf die Erde.

»Du hast meine Lieblingsrose angegriffen«, fauchte Esben erbost und kümmerte sich sofort um die Pflanze, die seltsam zitterte.

Juna rappelte sich auf. Sie ballte die Hände zu Fäusten und brüllte: »Die ganze Biebox-Ernte ist verloren. Und womit soll Nava jetzt forschen? Du bist derjenige, der alles kaputt macht!«

Beinahe wäre sie auf Esben losgegangen, wenn Suri sie nicht gerufen hätte. So funkelte sie ihn nur zornig an und eilte dann zu ihrer Freundin. Die wollte eigentlich mit Juna Kekse für alle backen. Gegen die gedrückte Stimmung. Aber Juna kochte vor Wut und musste erst mal dringend raus, frische Luft schnappen. Und so beschlossen die beiden, einen Spaziergang zu unternehmen. Lola kam mit und auch Sternchen gesellte sich bald zu ihnen.

Die Freundinnen streiften durch die umliegenden Wälder und genossen den sonnigen Tag. Aber ihre Gedanken kehrten immer wieder zurück zu der mysteriösen Krankheit.

»Glaubst du, die Pflanzen wurden absichtlich angesteckt?«, fragte Juna ihre Freundin. Es ging ihr einfach nicht aus dem Kopf, was Esben gesagt hatte. Vielleicht hatte er mit seiner Vermutung recht, dass irgendjemand die Krankheit in die Gewächshäuser gebracht hatte. Dass er Juna dabei im Verdacht hatte, verletzte sie. Doch das versuchte sie auszublenden. Viel wichtiger war es, die Pflanzen zu retten. Also sollten sie jeder Spur nachgehen.

»Wer würde denn so was tun?«, antwortete Suri mit einer Gegenfrage und warf Junas Glückskaktus hoch, damit Lola ihn aus der Luft schnappen konnte. Der Wumpi liebte dieses Spiel und konnte nicht genug davon bekommen.

»War nur so eine Idee ...« Juna zuckte mit den Schultern und verscheuchte damit aus Versehen Sternchen, die es sich dort gemütlich gemacht hatte. »Aber eins steht fest: Wenn jemand etwas so Scheußliches tut, dann muss er Pflanzen hassen.«

»Ein Pflanzenhasser in Rigmoor?« Suri schüttelte ungläubig den Kopf: »Niemals.«

Juna kaute nachdenklich auf die Unterlippe. Das, was ihre Freundin sagte, ergab Sinn: Die Waldwandler liebten Pflanzen und würden alles dafür tun, um sie zu schützen. Vor Menschen zum Beispiel. Wieder sah Juna Esben vor sich, und wie feindselig er sie angeschaut hatte. »Vielleicht ist es kein Pflanzenhasser, sondern ein Menschenhasser«, murmelte sie gedankenverloren. Hatte Esben die Krankheit gestreut, um es ihr anzuhängen und sie damit loszuwerden?

Suri legte den Arm um Juna, sie schien kapiert zu haben, worauf Juna hinauswollte. »So spannend eine Verschwörung wäre, aber ich glaube nicht daran. Es ist nur eine besonders blöde Bazille, die sich dummerweise ausgerechnet unsere Tomaten ausgesucht hat.«

»Ja, tut mir leid«, seufzte Juna erschöpft. Plötzlich schämte sie sich dafür, Esben verdächtigt zu haben – selbst wenn es nur ein flüchtiger Gedanke gewesen war. »Ich sehe schon Gespenster.«

Auf einmal blieb Suri stehen. Ihre Ohren zuckten, sie hatte etwas gehört, das Juna verborgen blieb. »Was ist?«, fragte sie und wünschte sich einmal mehr, sie wäre nicht nur eine halbe Waldwandlerin. Denn sie konnte bei Weitem nicht so gut hören und sehen wie ihre Freundin. Außerdem war sie nicht so flink und ausdauernd und verlor jedes Wettrennen gegen Suri.

Die riss jetzt die Augen auf und wisperte: »Gespenster.«

»Ha, ha, sehr witzig«, lachte Juna lahm.

Aber Suri scherzte nicht. »Sternchen ist in Gefahr!«, rief sie plötzlich alarmiert und sprintete los. Juna heftete sich an ihre Fersen. Mit großen, schnellen Schritten setzten sie über hohe Brennnessel und dichtes Brombeergestrüpp. Ihre Sprünge wurden immer höher und weiter. Fast flogen die beiden Freundinnen über den Waldboden. Die Angst um Sternchen trieb Juna an und verlieh ihr zusätzliche Kraft. Doch da strauchelte Suri und fiel. Juna purzelte über sie, rappelte sich aber sofort wieder auf. Suri hingegen schrie vor Schmerz, als sie aufstehen wollte.

»Ich habe mir den Knöchel verstaucht«, fluchte sie, während sie ihren Fuß betastete. »Lauf weiter, Juna! Da vorne ist es.« Sie deutete über eine Lichtung. »Ich komme gleich nach.«

Juna verlor keine Zeit. So schnell sie konnte rannte sie zu der Stelle, die Suri ihr gewiesen hatte. Dort stand eine mannshohe Moriella. Ihre Fresstentakel wanden sich wie böse Schlangen in alle Richtungen. Eines hielt Sternchen im Würgegriff. Die flatterte wild und jetzt konnte Juna auch ihr Fiepen wahrnehmen.

Mit einem Satz war Juna bei ihr. »Keine Sorge, ich bin da«, beruhigte sie die Libelle und fauchte die Moriella an: »Lass sie los!«

Aber die schnappte nur nach ihr. Juna verpasste der fleischfressenden Pflanze einen unsanften Klaps. Das machte die erst richtig wild. Mehrere Mäuler griffen gleichzeitig an. Juna wich erschrocken zurück. Gegen dieses riesige, ganz offensichtlich sehr hungrige Exemplar war die in Rigmoor harmloses Kuschelgras. Wie sollte sie dagegen ankommen? Sie hatte ja nicht mal Wurstkekse oder irgendetwas anderes, um sie abzulenken.

Die Moriella klapperte mit ihren Mundwerkzeugen. Pflanzensabber tropfte aus ihren Mündern. Sie zischelten und zischten, als würden sie sich absprechen. Sternchen quiekte panisch. Sie musste ihre Libellenfreundin befreien, sonst würde sie gleich im Moriellamagen landen.

Mit einem Kampfschrei stürmte Juna vor und schlug dabei um sich. Ein Fresstentakel packte ihre Haare und zog daran. Ein weiteres schlang sich fest um ihre Füße und riss sie zu Boden. Die Pflanze zerrte sie näher zu sich ran, gleich würde sie zubeißen. Juna tastete blind nach einem Stein und schleuderte ihn in eines der Schnappmäuler. Die Moriella kreischte erbost auf und griff mit den anderen Köpfen sofort wieder an.

»Reiß sie raus!«, hörte Juna Suri von Weitem schreien. Ihre Freundin kam über die Lichtung auf sie zugehumpelt.

Juna zögerte. Sie wollte

die Pflanzen nicht verletzen, auch wenn die vorhatte, sie zu fressen. Zumindest Teile von ihr. Die Moriella biss zu. Spitze Zähne bohrten sich in Junas Bein. Es tat höllisch weh.

»Mach schon!«, brüllte ihre Waldwandlerfreundin.

Juna wusste, dass sie keine andere Wahl hatte. »Sorry«, presste sie hervor, duckte sich unter die herumpeitschenden Tentakel, packte den Stamm und riss daran. Die Moriella schrie auf. Rasend vor Zorn zerfetzte sie Junas T-Shirt, eine Ranke schlang sich um ihren Hals und schnürte ihr die Luft ab. Doch Juna ließ sich nicht beirren und zog weiter. Langsam löste sich die Wurzel. Junas Muskeln brannten. Sie musste dringend atmen, aber die Moriella drückte ihre Kehle immer fester zu. Schwarze Punkte tanzten mittlerweile vor Junas Augen, gleich würde sie ohnmächtig werden.

Sternchen machte ein schrilles Geräusch. Aus dem Augenwinkel sah Juna, wie die Moriella sich das Insekt in eines ihrer Mäuler schob.

»Nein«, wollte Juna schreien, aber es kam nur ein Röcheln heraus. Mit einer letzten Kraftanstrengung ruckelte sie am Stamm und endlich löste sich die Wurzel. Geschafft! Die Moriella fiel um. Sofort riss Juna sich die Ranke vom Hals und sog pfeifend Luft ein. Die Moriellatentakel wirbelten ziellos umher und schnappten nach allem, was sie zu fassen bekamen. Juna rappelte sich auf, befreite Sternchen und begab sich außer Reichweite der Raubpflanze.

»Das war knapp«, sagte Suri. Sie hatte einen tiefen Kratzer im Gesicht, wo sie von der Moriella erwischt worden war, als sie Juna helfen wollte.

Die nickte nur. Sie konnte gerade gar nichts sagen. Noch immer rang sie nach

Luft und zudem begann sie nun, am ganzen Körper zu zittern.

Das Toben der Moriella war schwächer geworden. Ihre Tentakel tasteten die Umgebung ab, als suchten sie Halt. Jetzt tat sie Juna leid und ihr kamen die Tränen.

»Ich wollte sie nicht verletzen.«

»Das war Notwehr«, tröstete Suri sie. »Wir päppeln sie in Rigmoor auf und graben sie hier wieder ein.«

»Und ich backe ihr eine große Schinkensahnetorte«, schniefte Juna, von Suris Worten ein wenig beruhigt.

»Klingt ja eklig«, lachte Suri und ließ sich zu Juna aufs Gras fallen.

»Moriellas Sabber ist ekliger«, sagte Juna und betrachtete ihre Bisswunden. Sie waren mit grünem Schleim verschmutzt, das musste dringend gesäubert und verbunden werden. Und auch die Gespensterlibelle sah schlimm aus. Pflanzenspucke klebte in ihren Flügeln, ein Beinchen war geknickt. Sie hatte sich in Junas Hand gekuschelt und schien vor Erschöpfung eingeschlafen zu sein.

Sie alle mussten so schnell wie möglich nach Rigmoor, zu ihrer Mutter und ihrem Vater. Die beiden würden sie im Nu wieder gesund pflegen. Zuversicht durchströmte Junas schmerzende Glieder. Dennoch rieselte ihr ein unangenehmer Schauer über den Rücken, als sie daran dachte, dass sie würde erklären müssen, was gerade passiert war. »Das glaubt uns keiner…«, stöhnte sie ganz in Gedanken.

»Mir werden alle glauben«, sagte da eine Jungenstimme. Juna fuhr herum. Esben trat aus dem Wald und kam mit ausladenden Schritten auf sie zu. »Wenn ich dem Rat berichte, wie du eine der seltensten Pflanzen dieser Erde herausgerissen hast, wird auch der Letzte begreifen, dass Menschen Monster sind.«

»A-aber sie wollte Sternchen und mich fressen«, stotterte Juna, der nun abwechselnd heiß und kalt wurde.

»Hätte sie es mal getan«, warf Esben ihr hasserfüllt entgegen. Dann kniete er sich neben die Moriella, griff an seinen Gürtel, an dem mehrere Fläschchen hingen, nahm eine mit roter Nährlösung und besprühte damit die Wurzeln, um sie vor dem Austrocknen zu schützen.

»Spinn nicht rum, Esben«, motzte Suri. »Diese Moriella ist total durchgeknallt. Das musst du gesehen haben.«

»Sie hat um ihr Leben gekämpft«, fauchte Esben zurück. »Juna wollte sie rausreißen, da würde ich auch beißen.« Er wickelte die Moriella behutsam in ein Tragetuch. Die war mittlerweile so schwach, dass sie sich kaum wehrte. »Ich habe von Anfang an gewusst, dass du Unglück bringst!«, zischte er Juna zu, schulterte das Bündel und wandte sich zum Gehen.

Juna wollte sagen, dass es ihr leidtat, aber ein dicker Kloß steckte in ihrem Hals. Sie fühlte sich unschuldig und schuldig zugleich. Esbens Worte taten weh, aber irgendwie stimmte es ja: Seit sie in Rigmoor war, passierte eine Katastrophe nach der anderen. Erst der Biebox-Ausbruch, nachdem sie im Käfig gewesen war. Dann die seltsame Krankheit, die ausgerechnet an den Pflanzen zuerst auftauchte, die sie tags zuvor gepflegt hatte. Und jetzt hatte sie auch noch eine Moriella auf dem Gewissen.

»Idiot«, brüllte Suri Esben hinterher, der jetzt im Dickicht verschwand.

Juna senkte den Kopf. »Vielleicht stimmt es ja«, sagte sie mit tonloser Stimme. »Vielleicht sollte ich von hier verschwinden, bevor ich noch mehr Schaden anrichte.«

Abschied

»Juna hat ordentlich was am Kopf abbekommen«, sagte Suri, als sie wenig später von Junas Eltern verarztet wurden. »Sie faselt wirres Zeug.«

»Tatsächlich?«, fragte Karim mit sorgenvoller Miene. Er untersuchte sofort Junas Pupillenreaktion.

»Da ist nichts«, murrte Juna, die mit ihrer Entscheidung, von hier fortzugehen, lieber allein sein wollte. Den ganzen Weg zurück hatte Suri auf sie eingeredet. Jetzt saß sie eine Liege weiter und warf ihr vorwurfsvolle Blicke zu. Unterdessen verband Marie ihren Fuß. Ihre Mutter sah sehr müde aus. Ebenso wie Junas Vater. In den vergangenen Nächten hatten die beiden kaum geschlafen. Ihre Eltern kämpften unfassbar hart für Rigmoor. Konnte sie da einfach kneifen und abhauen?

Juna seufzte lautlos. Sie musste sich eingestehen, dass das nicht fair wäre. Sie sollte wenigstens so lange bleiben, bis die Krankheit besiegt war …

Gerade wollte sie Suri aufmunternd zuzwinkern, da kam Nava ins Krankenzimmer und brachte schlechte Neuigkeiten mit. »Der Rat hat entschieden, dass Juna gehen muss!«

»Was?« Suri sprang, ohne nachzudenken, von der Liege und knickte gleich noch mal um.

Karim half ihr auf. »Das muss ein Irrtum sein!«, sagte er ungläubig. »Juna hat sich nur gewehrt, dafür gibt es höchstens ein Jahr Laubharken.«

Doch Nava schüttelte bedauernd den Kopf. »Esben und Fenno haben alle überzeugt, dass Juna eine Gefahr für Rigmoor ist. Tut mir leid.«

»Tut es dir nicht!«, brauste Suri auf. »Du bist Teil des Rates, du hättest sie umstimmen müssen.« Ihre Freundin war purpurrot vor Zorn.

Juna indes war wie versteinert. Etwas in ihrem Herzen brach entzwei. Ihre Mutter spürte das wohl und legte schützend einen Arm um ihre Schultern.

»Wir gehen«, sagte sie schlicht.

Suri schluchzte laut auf. Sie hüpfte auf einem Bein zu Juna und klammerte sich an deren Hals. »Du sollst hierbleiben!«

Juna drückte sie fest an sich. »Nicht traurig sein«, wisperte sie, obwohl auch ihr nun Tränen in den Augen brannten. Sie würde ihre Freundin schrecklich vermissen.

Doch was sollte sie tun? Selbst Elva hatte gegen den Entschluss des Waldwandlerrats keine Macht. Sie kam in diesem Moment wutentbrannt ins Zimmer gestürmt. Ihre Kiefer mahlten, als müsse sie einen schweren Brocken schlucken.

»Der Rat ist von allen guten Waldgeistern verlassen! Sie wollen nicht die Wahrheit, sondern nur irgendeinen Schuldigen finden«, knirschte sie zwischen zusammengebissenen Zähnen hervor und ihr Blick blieb einen Moment lang an Nava hängen. Die senkte den Kopf, sagte aber nichts dazu.

Dafür trat Karim vor. »Ich begleite euch!« Er stellte sich hinter seine Familie. Marie lächelte ihn dankbar an. Sie schien ihm seinen damaligen Fehler vergeben zu haben. Juna wollte sich für die beiden freuen, aber sie fühlte nur Leere in sich drin.

»Das darfst du nicht!«, empörte Nava sich über Karims Entschluss. »Du bist unser Arzt. Wer soll uns heilen, wenn wir krank werden?«

»Schau in deinem Kräuterbeet nach, Menschenmedizin wolltest du doch sowieso nie«, schoss Karim ihr entgegen.

Nava sah aus, als hätte ein dicker Ast sie mitten ins Gesicht getroffen. Karim beachtete sie nicht weiter. Er packte seinen Arztkoffer und drückte Suri eine Salbe in die Hand: »Zweimal täglich dünn auftragen.«

Ihre Freundin weigerte sich, die Medizin anzunehmen. »Die kannst du wieder einstecken, ich komme nämlich mit!«, sagte sie und reckte entschlossen das Kinn.

»Nein, bitte nicht!«, rief Nava schrill. In ihrem Gesicht spiegelte sich grenzenloses Entsetzen. »Was soll ich bloß deinen Eltern sagen?«

Suri zuckte, Nava hatte einen wunden Punkt getroffen. Juna sah, wie sehr ihre Freundin litt. Sie war nun in der gleichen Situation wie ihr Vater damals. Dieses Drama durfte sich nicht wiederholen. Irgendwas mussten sie unternehmen!

Während die Erwachsenen weiter stritten, löste Juna sich von ihrer Mutter, holte vom Schreibtisch einen

Kuli, kritzelte ihre Telefonnummer auf Suris Unterarm und flüsterte ihr zu: »Wir müssen den Verantwortlichen finden. Sonst bin ich für immer die Böse. Bleib bitte hier und behalte Esben im Auge. Und schreib mir, was vor sich geht.« Zwar hatte sie noch keine Ahnung, wie sie es anstellen sollten, das Rätsel um die Pflanzenkrankheit zu lösen, aber ihnen würde schon etwas einfallen.

Suri schniefte unglücklich, nickte aber.

»Bist du bereit?«, unterbrach Junas Mutter ihre geheime Absprache.

Nein, das war Juna nicht. Aber sie hatte keine andere Wahl, als Suri ein letztes Mal zu umarmen und Rigmoor dann zu verlassen.

Elva blieb, wenn auch widerwillig. Ihr Zorn auf die Waldwandler war riesengroß. Doch sie musste sich um die seltsame Pflanzenkrankheit kümmern. Juna drückte fest die Daumen, dass es ihr gelang. Vor allem, wo sie nun allein alle Forschungsaufgaben erledigen musste.

Schweigend gingen die drei über die verschlungenen Pfade zum Eichentor. Grüne Augen folgten ihnen. Juna sah nicht hin. Niemand sollte erkennen, wie traurig sie war.

Kurz bevor sie durch den Efeuvorhang trat, sprang etwas auf ihre Schulter. Es war Lola. In ihrer Pfote baumelte Junas Glücksanhänger, der silberne Kaktus. Sie wollte ihn Juna zurückgeben. »Den darfst du behalten«, sagte Juna und streichelte das Hörnchen unter dem Kinn. »Pass auf Suri auf, ja?«

Lola legte ein Pfötchen in ihre Hand, als gäbe sie Juna ein Versprechen. Dann schmuste sie noch einmal das Köpfchen gegen ihre Wange und wuselte davon.

Jetzt konnte Juna ihre Tränen nicht mehr zurückhalten. Sie würde heute mehr als eine Freundin verlieren. Auch Sternchen spürte den nahen Abschied. Obwohl sie vom Kampf mit der Moriella noch immer geschwächt war, wich sie nicht von Junas Seite, bis sie die Forschungsstation erreicht hatten. Juna erinnerte sich an ihre erste Begegnung. War das wirklich erst wenige Tage her? »Ich werde dich nie vergessen«, flüsterte sie ihrer Libellenfreundin zu. Die stupste sie lieb mit ihrem Köpfchen an, das hieß wohl: »Leb wohl.«

»Nimm dich vor Moriellas in Acht«, gab Juna ihr noch mit auf den Weg, dann musste sie ihre Sachen packen.

Der Stadtschnittlauch hatte inzwischen eine enorme Größe erreicht und strotzte nur so vor Lebenskraft. Ganz im Gegensatz zu Juna, die sich niedergeschlagen und schwach fühlte. Ihre Mutter versuchte sie aufzumuntern, indem sie laut überlegte, aufs Land zu ziehen und gemeinsam mit Karim eine Praxis zu eröffnen. Der lächelte sie verliebt an und verschränkte seine Finger mit ihren. Eigentlich hätte Juna darüber vor Glück ausflippen müssen. Schon lange wünschte sie sich einen eigenen Garten mit Apfelbaum, ein paar Hühnern und einer richtigen Familie. Aber gerade war ihr alles egal. Wortlos stieg sie ins Auto, starrte aus dem Fenster und wartete darauf, dass das Motorengebrumm ihre tristen Gedanken übertönte. Sie hoppelten den Waldweg zurück, fuhren über ausgestorbene Landstraßen und erreichten bald die Autobahn. Der Verkehr wurde dichter, die Menschenwelt kam näher. Juna schaltete ihr Handy an, steckte sich die Kopfhörer in die Ohren und hörte Lady Gaga, um sich abzulenken.

Ein trauriges Lächeln huschte über ihre Lippen, als sie sich erinnerte, wie Suri ihren Lieblingssong gesungen hatte. Mit viel Inbrunst und ziemlich schräg. Was ihre Freundin jetzt wohl machte?

Sie hatte ihr offenbar eine Nachricht geschrieben, die genau in diesem Moment eintrudelte. Erst freute Juna sich darüber. Als sie jedoch las, was da stand, fiel ihr das Lächeln aus dem Gesicht. »SOS! Es ist ein Unglück passiert!! Ihr müsst schnell kommen!!!«

Juna überflog die Zeilen ein zweites Mal. Was für ein Notfall konnte das sein, dass man ausgerechnet sie brauchte? Oder war das nur ein verzweifelter Versuch ihrer lieben Freundin, sie nach Rigmoor zurückzulocken?

Juna machte die Musik aus und wollte gerade zurückschreiben, was das zu bedeuten hatte, da klingelte das Handy ihrer Mutter.

Karim ging ran. »Elva«, sagte er überrascht und tippte den Lautsprecher an, sodass sie alle mithören konnten. Es hatte einen Unfall gegeben. Esben war verletzt und brauchte dringend medizinische Versorgung. Die Waldwandler baten inständig darum, dass Karim ihnen half.

Der zögerte. Aber nur einen halben Atemzug lang. Schließlich war er Arzt. Genau wie Junas Mutter, die bereits den Blinker gesetzt hatte, um zu wenden. Sie würden niemals einen Patienten im Stich lassen. Auch wenn er sie verraten hatte.

Die große Lüge

»Er hat sein Schutzamulett verloren. Hoffentlich wird er wieder gesund.« Esbens Mutter schluchzte.

»Das wird schon wieder«, beruhigte Juna sie. Sie und ihre Eltern waren gerade angekommen und Marie war sofort mit Karim im Krankenzimmer verschwunden.

»Wenn ein *Mensch* ihn behandelt, ich weiß nicht.« Esbens Vater hatte die Arme vor der Brust verschränkt und warf Juna einen finsteren Blick zu.

»Meine Mutter ist eine Super-Ärztin«, schoss Juna zurück. Langsam hatte sie es satt, wie die Waldwandler auf ihnen herumhackten.

Daraufhin sah Esbens Vater sie verblüfft und dann beschämt an. Die Mutter warf sich wimmernd in seine Arme.

Esben, so erfuhr Juna wenig später von Suri, war im

Meer schwimmen gegangen. »Eine starke Strömung hat ihn erfasst und gegen einen Felsen geschleudert. Er ist ohnmächtig geworden und hat eine Platzwunde an der Stirn davongetragen. Die hat heftig geblutet.« Suri schauderte, als sie Juna von ihren Erlebnissen berichtete. Sie hatte Esben nach Junas Abreise beschattet und ihn aus den Fluten gerettet. Juna nahm ihre Freundin fest in den Arm. Sie hatte heute großen Mut bewiesen. Waldwandler, so wusste sie von Suri, gingen nicht gern ins Wasser, nur die wenigsten konnten schwimmen.

»Was wollte er im Meer?«, grübelte Suri, während sie durch die Gewächshäuser schlenderten.

»Vielleicht war er auf der Suche nach einem Heilmittel. Algenaufguss, oder so«, mutmaßte Juna.

»Oder er hat eine Wellenwandlerin als Freundin.« Suri machte alberne Knutschgeräusche. Juna boxte sie freundschaftlich in die Seite. Esben war zwar gemein zu ihr gewesen, aber jetzt ging es ihm wirklich schlecht und sie wollte irgendetwas Nettes für ihn tun.

»Was hältst du davon, dass wir uns für Esben ein Geschenk überlegen, damit er schnell wieder fit wird?«

Suri blähte darauf die Wangen und schlug Pferdeapfelkuchen vor. Aber Juna ließ sich nicht beirren. Sie erinnerte sich an Esbens Lieblingsblume und hatte eine Idee: »Wir könnten Rosenblätter kandieren!«

»Hm, lecker. Einverstanden. Aber nur unter der Bedingung, dass ich ausgiebig kosten darf«, grinste Suri und gemeinsam machten sie sich auf den Weg zu der Pflanze, auf die Juna nur wenige Stunden zuvor das Biebox-Gift verschüttet hatte.

Als sie dort ankamen, schrie Juna entsetzt auf. Die Rose war vollkommen verdorrt. Ihre Blätter wiesen die schwarzen Flecken der neuen Krankheit auf. Seltsam war allerdings, dass alle Pflanzen um sie herum gesund und munter waren.

»Wie kann das sein?«, wunderte Suri sich.

»Möglicherweise hat es etwas mit dem Biebox-Gift zu tun. Die Rose hat ein ganzes Glas voll abbekommen«, überlegte Juna und schlug vor, Nava aufzusuchen, um sie zu befragen. Niemand sonst kannte sich so gut mit Biebox-Gift aus. Doch Suris Großmutter war nicht in ihrem Labor. Auch zu Hause trafen sie sie nicht an. Erst als sie im Quarantäne-Gewächshaus nachsahen, fanden sie sie. Nava stand an einem der Kamine, die normalerweise nur im Winter befeuert wurden. Sie warf ein Gefäß ins Feuer, das darin zersplitterte. Als sie die Mädchen bemerkte, zuckte sie zusammen, dann senkte sie den Kopf und starrte weiter in die Flammen.

»Was tust du da?«, fragte Suri.

»Unheil, Hass und Dummheit verbrennen«, erwiderte Nava leise.

Suri runzelte verwirrt die Stirn, aber Juna glaubte zu verstehen, was sie damit meinte. Nur, konnte das wirklich wahr sein? Ihr Herz pochte plötzlich aufgebracht gegen ihren Brustkorb und ihre Stimme vibrierte, als sie Nava fragte: »Steckst *du* etwa hinter der Schwarzfleckenkrankheit?«

Die alte Waldwandlerin nickte reumütig. Tränen schwammen in ihren grünen Augen.

Juna ballte wütend die Fäuste, mit einem Mal war ihr alles klar. »Du hast die Pflanzen vergiftet, nicht wahr?« Darum hatte Nava in den vergangenen Tagen so viel Biebox-Gift gebraucht. Nicht um zu forschen. Sondern um es in den Gewächshäusern zu verteilen.

Suri klappte der Mund auf. »W-wie bitte? A-aber warum?«, stotterte sie.

»Weil ich dich nicht verlieren wollte«, flüsterte Nava erstickt. »Du liebst die Menschenwelt. Und mit Juna hattest du plötzlich eine Freundin, die dir eine Tür dorthin öffnete. Ich hatte Angst, du würdest eines Tages mit ihr weggehen.«

»Also musste Juna verschwinden«, ergänzte Suri bitter. »Du wolltest, dass alle sie hassen und der Rat sie verstößt.«

Nava nickte betreten. Juna fühlte sich, als hätte man ihr in den Bauch getreten.

»Bitte verzeiht mir.« Suris Großmutter vergrub das Gesicht in ihren Händen. »Der Schaden, den ich angerichtet habe, ist unermesslich. All die Zwietracht und die Zerstörung. Das habe ich nicht gewollt. Es ist irgendwie außer Kontrolle geraten«, schluchzte sie und erklärte den beiden Mädchen, dass sie ursprünglich einfach nur einen neuen Pflanzenschutz ausprobieren wollte. Als dieser die Tomaten zerstörte, war ihr das furchtbar peinlich und sie war froh, dass Juna die Schuld dafür bekam. »Und plötzlich war ich wie von Sinnen. Ich habe ein-

fach noch mehr Pflanzen mit dem Gift besprüht, damit du, Juna, Ärger bekommst. Als der Rat dich endlich ausschloss, hätte ich erleichtert sein müssen. Aber dann habe ich begriffen, wie unglücklich ich euch gemacht habe. Trotzdem habe ich mich nicht getraut, zuzugeben, dass ich hinter all dem steckte«, beendete Nava ihren Bericht. Scham brannte auf ihren Wangen.

Suri schluckte schwer. »Dann ist es wohl an der Zeit, das nachzuholen«, forderte sie mit bebendem Kinn.

»Das werde ich. Jetzt sofort«, versprach Nava. Sie sah Juna bedrückt an. »Und ich hoffe, dass du mir irgendwann einmal verzeihen kannst.«

Juna spürte, wie sehr Suris Großmutter litt, und ihre Wut verrauchte. Sie schenkte ihr ein versöhnliches Lächeln. »Unter einer Bedingung.«

Nava wischte sich entschlossen die Tränen weg. »Und die wäre?«

»Dass wir die Gewächshäuser schnellstmöglich wieder grün und lebendig machen.«

Da hellte Navas Gesicht sich auf. »Natürlich. Du bist wirklich großherzig, Juna. Ich freue mich ehrlich, dass meine Enkelin eine so tolle Freundin hat.« Sie nahm Junas Hand und legte sie in Suris.

Die war immer noch schockstarr. »Ich weiß wirklich nicht, was ich denken soll«, wisperte sie.

»Dass jetzt alles gut wird«, sagte Juna. Davon war sie fest überzeugt. Bestimmt würde der Waldwandlerrat ihren Rauswurf zurücknehmen, sobald er den wahren Grund des Pflanzensterbens kannte. Und dann konnten sie und ihre Eltern für immer hierbleiben.

»Komm, wir backen zur Feier des Tages Kirschkuchen«, schlug Juna vor und zog Suri raus in die Obstgärten, während Nava sich aufmachte, ihr hässliches Geheimnis zu beichten.

Die Abendsonne hing golden über den Wipfeln, die Luft war mild und roch nach Lebensfreude. Juna konnte nicht anders, sie musste ein paar Purzelbäume schlagen. Diesen Spaß ließ Suri sich nicht entgehen. Und so kullerten die beiden Freundinnen lachend über die Wiese, bis sie gegen einen Baum knallten.

»Sind wir schon da?«, kicherte Suri und Juna rieb sich den Kopf. »Schau, dort hinten blüht sogar eine Feldrose.«

Während die beiden Mädchen emsig

Rosenblätter und Kirschen pflückten, kam ein fröhlich keckerndes Hörnchen auf sie zugewuselt. Um seinen Hals baumelte etwas Glänzendes. Es war Lola mit Esbens Schutzamulett.

Endlich zu Hause

»Danke.« Esbens Stimme war rau, seine Lippen aufgesprungen.

Ganz farblos sah er aus, fast so grau wie das Laken, auf dem er lag. Ein dicker Verband bedeckte seinen Schädel. Juna und Suri hatten ein paar Tage warten müssen, bis sie zu ihm durften.

Als Juna ihm das Amulett gab, griff er ihre Hand und hielt sie fest. »Ich möchte mich bei dir entschuldigen. Dafür, dass ich so fiese Dinge über dich gesagt habe und …« Er stockte und wurde unter seiner Leichenblässe rosa. Etwas schien ihm sehr peinlich zu sein, denn er rieb sich erst das Kinn, dann die Nase und zuletzt den Nacken. Juna wollte »schon okay« sagen, da brachte er endlich heraus, was ihn bewegte: »Dass ich dir bei den

Biebox Pfeffer statt Lavendel gegeben habe, war total idiotisch von mir!«

»*Was?* Spinnst du?«, brauste Suri sofort auf. Und auch Juna blieb einen Moment lang die Spucke weg, auch wenn sie ihn damals sogar verdächtigt hatte. Aber das war Geschichte, entschied sie. Der Zwist zwischen ihr und den Waldwandlern war beendet. Und das sollte auch so bleiben. Deshalb beschwichtigte sie Suri und nahm Esbens Entschuldigung an. Nur eines interessierte sie noch brennend: »Hast du auch den Biebox-Käfig geöffnet?«

»Nein«, schwor Esben hoch und heilig. Und auch Nava war dafür nicht verantwortlich.

Nun, dann würde dies wohl weiter ein ungelöstes Rätsel bleiben. Genau wie ihre Fähigkeit, mit den Vögeln zu reden, für die weder Elva noch ihre Eltern eine Erklärung hatten. Aber damit konnte Juna leben. Wichtig war, dass sie endlich von allen in Rigmoor akzeptiert wurde. Auch von Esben.

Der machte sich jetzt über die kandierten Rosenblätter her, bei deren Herstellung die beiden Mädchen nicht nur die Küche, sondern auch ihre Haare verklebt hatten. War das ein Spaß gewesen! Lola hatte stundenlang an Suris Locken gelutscht. Und auch Esben schien der Zuckerguss zu schmecken. Genussvoll schleckte er seine Finger ab. »Erzählt mal, was gibt es Neues? Hier unten kriegt man ja nichts mit. Deine Eltern verordnen mir übermäßig viel Ruhe. Ich weiß nicht mal, ob es draußen regnet oder die Sonne scheint.«

»Nava hat einen neuen Dünger erfunden. Die reinste Chemiekeule«, flunkerte Suri und stibitzte sich ein Rosenblatt.

Juna knuffte ihre Freundin in die Seite und klärte Esben auf, dass es Nava tatsächlich gelungen war, ein Wundermittel aus Biebox-Gift herzustellen, das die Pflanzen in Rekordgeschwindigkeit wachsen ließ.

»Großartig«, freute Esben sich. Er hatte ein süßes Lächeln. Eines mit Grübchen. Juna fand ihn fast schon nett.

»Der Moriella geht es übrigens bestens. Sie hat den Biebox-Käfig leer gefressen«, tischte Suri noch mehr Lügenmärchen auf, die Esben mit einem schiefen Grinsen quittierte.

»Ich füttere sie täglich, sie ist schon wieder fast die Alte«, korrigierte Juna und zeigte ihm eine Bisswunde am Arm. »Wir sind nun endgültig Blutsgeschwister.«

Jetzt lachte Esben herzlich. »Du bist ja witzig, vielleicht können wir ja doch noch Freunde werden.«

Aus irgendeinem Grund machte Juna das sehr verlegen und sie wurde rot. Zum Glück kam ihr Vater in diesem Moment ins Krankenzimmer und scheuchte sie raus. Auf seiner Wange klebte ein Kussmund. In Rosenrot. Die Lippenstiftfarbe, die Junas Mutter immer trug. Suri wackelte bedeutungsvoll mit den Augenbrauen und Juna lächelte glücklich.

»Kommt mich bald wieder besuchen!«, rief Esben ihnen nach. Das versprach Juna ihm gern. Endlich war sie bei den Waldwandlern aufgenommen. Endlich hatte sie ein Zuhause gefunden: mit ihrer Familie, einer Wunschschwester und sogar einem lieben Haustier. Was sollte jetzt noch schiefgehen ...

Leseprobe

Sei gespannt, wie es mit Juna und
ihren Freunden weitergeht. Band 2, *Wellenwandler,*
erscheint im Herbst 2023.

In den darauffolgenden Tagen vergrub Juna sich in ihren Schulbüchern. Von morgens bis abends lernte sie, bis ihr Kopf rauchte. Raus ging sie erst, wenn alle schliefen. Bis auf Suri und Nava mochte sie sowieso niemanden sehen. Einmal begegnete sie Esben, aber der nickte nur zerstreut und entfernte sich rasch. Kein Wort hatte er für sie übrig gehabt.

»Der ist auch im Lernstress«, meinte Suri, als Juna ihr davon berichtete. Aber irgendwie konnte Juna das nicht glauben. Bestimmt wollte er nur nichts mit einer Verliererin zu tun haben.

»Soll ich dich abfragen?«, riss Suri sie aus ihren tristen Gedanken.

»Von mir aus. Aber erwarte keine richtigen Antworten«, seufzte Juna niedergeschlagen.

»Hör auf, dich selbst runterzuziehen«, ermahnte ihre Freundin sie, schob ihr eine Schale mit Nüssen hin und legte los: »Was hilft bei der Schleimflusskrankheit?«

Juna tippte sich an die Lippe. Das hatte sie doch erst gestern durchgenommen. »Sie betrifft Buchen, Eichen, Nussbäume. Der Schleim kann schwarz sein und stinken. Er wird von Pilzen oder Bakterien ausgelöst. Hitze, Trockenheit und Frost machen die Bäume anfällig dafür«, dachte sie laut nach. Nur welche Medizin musste man geben? »Ich komm nicht drauf«, gab sie nach einer Weile intensiven Grübelns auf.

»Klettenöl«, löste Suri und Juna schlug sich selbst gegen die Stirn. Warum vergaß sie bloß so viel?

Genervt und verzweifelt ließ sie sich in ein Sitzkissen fallen. Jetzt wünschte sie beinahe den Matheunterricht an ihrer alten Schule zurück. Wie weit weg sich ihr altes Leben anfühlte. Juna fragte sich unwillkürlich, ob es ihrem Dachgarten gut ging. Ihre Mutter hatte eine nette Familie als Mieter für ihre Wohnung gefunden. Die zwei Töchter waren von Junas Garten begeistert und wollten sich sehr gern um die Pflanzen kümmern. Auf einmal hatte Juna Heimweh. Eine herzzerreißende Sehnsucht nach zu Hause. Nur wo war das?

Wie so oft in den letzten Tagen schielte sie in der Hoffnung auf ein Lebenszeichen von ihren Eltern auf ihr Handy. Unzählige Male hatte sie versucht, sie zu erreichen, hatte ihnen auf die Mailbox gesprochen und Nachrichten geschickt. Doch sie meldeten sich nicht. Was war da los?

Anfangs hatte sie angenommen, dass sie lediglich in einem Funkloch steckten. Suri meinte, ihr Telefon könnte ins Wasser gefallen sein. Aber mittlerweile wurde Juna das Gefühl nicht los, dass etwas nicht stimmte.

»Schon seit vier Tagen nichts«, murmelte sie zu sich selbst.

»Es ist echt ätzend. Alle hocken nur noch über Büchern und Heften. Ich vermisse die Streifzüge durch den Wald am meisten«, seufzte Suri, die wohl glaubte, dass Juna über die Prüfungszeit sprach.

Trotzdem hatte ihre Freundin sie damit auf eine gute Idee gebracht. »Lass uns spazieren gehen«, schlug sie vor. An Lernen war jetzt sowieso nicht mehr zu denken. Ihr Kopf brummte und in ihrem Magen lag ein schwerer Sorgenklumpen. Frische Luft tat ihnen beiden bestimmt gut.

»Ich würd ja gern«, erwiderte Suri und verzog die

Mundwinkel nach unten. »Aber ich habe Nava versprochen, mit ihr gemeinsam Wäsche zu waschen.«

Normalerweise hätte Juna den beiden geholfen. Doch jetzt musste sie dringend mal raus. Suri verstand das und die Mädchen verabredeten sich für spätabends in den Baumwipfeln. Suri wollte mit den Glühwürmchen einen neuen Tanz proben und Juna sah dabei immer gern zu.

Als Juna in die warme Mittagssonne trat, hellte sich ihre Stimmung gleich etwas auf. Kaum war sie ein Stück gegangen, umschwirrte Sternchen sie. Die Gespensterlibelle hielt es nie lange drinnen aus und so hatten sich die beiden in der letzten Zeit nur selten gesehen.

»Wollen wir einen Ausflug in den Wald machen?«, fragte Juna und hielt die Hand so, dass Sternchen darauf landen konnte. Nachdem die Libelle ihr zur Begrüßung einen Nasenstupser gegeben hatte, preschten die beiden los. Juna genoss den Wind in ihren Haaren und die Kraft in ihren Beinen. Sie machte große Schritte, weite Sprünge und lief schneller und schneller, weiter und weiter, als könne sie so all ihren Problemen entkommen. Bald hörte sie das Rauschen des Meeres, ihr Herz hatte sie offenbar dorthin geführt. Als sie zwischen den niedrigen Kiefern, die die Küste säumten, heraustrat, stand sie

einen Augenblick reglos. Ihr Atem ging schnell, sie sog die salzige Luft tief ein und blickte in das endlose Blau, das sich bis zum Horizont erstreckte und dort in den Himmel überging. Juna liebte das Meer und war immer gern in den Ferien dorthin gefahren. Doch heute ließ sie die unendliche Weite erschaudern. Kein Schiff war zu sehen. Nur ein paar Möwen zogen ihre Kreise. Ob es ihren Eltern gut ging? Sie hoffte es.

Um nicht wieder ins Grübeln zu kommen, beschloss Juna, Muscheln zu sammeln. Daraus würde sie für Suri eine Kette basteln. Ohne ihre Freundin mit ihren Wald-witzen, den Kissenschlachten und Wipfelpicknicks hätte sie die letzten Tage kaum durchgestanden. Lang-sam ging Juna am Strand entlang und patschte mit den nackten Füßen durch die Wellen. Das Meer war kalt, doch das machte ihr nichts aus. Sternchen sirrte durch die kräftige Brise, flog Saltos und Spiralen. Sie schien richtig Spaß zu haben und auch Juna fühlte sich befreit. Das Rauschen der Wellen entspannte sie und ihr auf-gewühltes Herz kam zur Ruhe. Als sie wenig später in eine versteckte Bucht einbog, bemerkte Juna eine Ge-stalt. Sie saß im Sand und starrte aufs Meer. Juna er-kannte sofort, wer es war.

»Esben«, entfuhr es ihr. Nun hatte auch er sie bemerkt, denn er blickte zu ihr herüber. Juna zögerte. Sollte sie zu ihm gehen? Vielleicht wollte er lieber allein sein.

Ihre Libellenfreundin hingegen überlegte nicht lange. Sie zischte los und ließ sich auf einem Buch nieder, das unbeachtet neben Esben lag. Er begrüßte Sternchen und winkte Juna zu sich.

»Brauchst du auch eine Pause?«, fragte sie schüchtern, als sie bei ihm ankam. Sie war sich nicht sicher, ob Esben sie noch mochte. Schließlich legte er als Schulsprecher großen Wert auf gute Leistungen und war selbst eine Art wandelndes Lexikon. Juna konnte da nicht mithalten.

»Setz dich doch«, sagte Esben und schenkte ihr ein müdes Lächeln. Blass sah er aus. Als hätte er nächtelang nicht geschlafen. Er klopfte auf den Platz neben sich, Juna nahm die Einladung gern an. »Erzähl mal, wie läuft es mit dem Lernen?«, erkundigte er sich.

Juna versteifte sich und wollte schon behaupten, alles sei in bester Ordnung. Aber dann sah sie in Esbens Augen und spürte, dass er es gut mit ihr meinte. Sie waren Freunde, wie hatte sie nur daran zweifeln können. Juna seufzte und gab zu, dass sie es nicht schaffte, alles in kurzer Zeit nachzuholen, was die anderen längst wussten.

»Mach dir keinen Stress«, sagte Esben. »Die Lehrer wissen, dass du neu bist, und sind nett.«

»Bis auf Fenno«, schnaubte Juna.

Esbens Miene verdüsterte sich, als Juna den Namen seines Onkels erwähnte. »Lass dich von ihm nicht einschüchtern.«

»Das ist gar nicht so einfach. Ich wünschte, meine Eltern wären da …« Juna warf einen Kiesel ins Wasser. »Wenn sie sich nicht bald melden, werde ich sie suchen«, sprach sie den Gedanken aus, der ihr seit einer Weile durch den Kopf spukte.

Esben zuckte leicht zusammen. »Und wie willst du das anstellen?«, fragte er alarmiert. »Das Meer ist gefährlich, du könntest sterben. Erinnere dich daran, was mir passiert ist.«

»Stimmt ja«, lenkte Juna ein. Sie hatte Respekt vor den mächtigen Fluten. Außerdem hatte sie keine Ahnung, wie und wo sie nach ihren Eltern suchen sollte. »Trotzdem …«, setzte sie an, aber Esben unterbrach sie ungewohnt heftig: »Schlag dir das aus dem Kopf. Du hast keine Ahnung, was dich dort draußen erwartet, du kennst die Wellenwandler nicht …« Er stockte und biss sich auf die Lippen, als hätte er sich verplappert.

Junas Herz machte einen aufgeregten Satz. Was wusste Esben über die Wellenwandler? Und was hatten diese mit ihren Eltern zu tun? Sie durchlöcherte ihn mit Fragen, doch Esben schwieg. Die Kiefer fest aufeinandergepresst blickte er stur aufs Meer.

Mittlerweile raste Junas Puls, sie spürte, dass sie auf der richtigen Spur war. Esben wusste etwas über das Meer und ihre Eltern! Sie musste herausfinden, was es war. Eine Weile wartete Juna und gab ihm Zeit nachzudenken.

»Sag es mir, bitte«, bat sie ihn, als sie die Anspannung nicht mehr aushielt.

Esben schüttelte darauf nur den Kopf. Juna spürte, wie heiße Wut in ihr hochbrodelte und sie schlug, auch wenn es ihr nicht gefiel, einen anderen Weg ein. »Meine Eltern waren für dich da, als es dir schlecht ging. Sie haben dich gesund gepflegt. Hast du das vergessen?«

Esben sackte getroffen zusammen und Juna entschuldigte sich insgeheim bei ihm für die miese Erpressung.

»Tut mir leid«, sagte er leise. Seine Haut war jetzt aschfahl.

»Schon okay«, lenkte Juna ein. Sie hätte ihn nicht so unter Druck setzen sollen. Das war nicht fair.

»Nichts ist okay«, knirschte Esben mühsam hervor und er boxte zornig in den Sand. Dann sah er Juna mit tränenverschleiertem Blick an und sagte etwas, das sie im ersten Moment nicht verstand: »Ich habe sie verraten.«

»Wie? Was?«, stammelte Juna und Esben berichtete, erst zögernd, dann immer aufgebrachter, was ihm auf der Seele lag. Fenno hatte ihn gezwungen, die Wellenwandler vor Junas Eltern zu warnen. »Unsere Freunde müssen wissen, dass Menschenwissenschaftler sie auskundschaften und alles kaputt machen werden«, sprach er Fennos Worte nach.

»Das stimmt doch nicht«, empörte sich Juna.

»Ich weiß«, sagte Esben und ließ den Kopf hängen.

»Warum hast du es dann getan?« Die Angst um ihre Eltern schnürte Juna die Kehle zu.

»Weil ...« Esben verstummte schon wieder. In seinen Augen schwamm Verzweiflung. Irgendetwas bewegte ihn tief, doch er sprach es nicht aus. Juna hätte gern erfahren, worum es dabei ging. Aber das musste warten. Wenn sie Esben richtig verstand, steckten ihre Eltern nicht in einem Funkloch, sondern in großer Gefahr.

Juna fasste einen Entschluss: »Ich werde meine Eltern finden und retten!«

»Und wie?«

»Mal sehen. Ich überleg mir was«, gab Juna sich zuversichtlich, auch wenn ihr Bauch sich ängstlich zusammenzog. Denn wenn sie ehrlich war, hatte sie keine Ahnung, wie sie es anstellen sollte.

»Du weißt doch nicht mal, wo du mit der Suche anfangen musst«, versuchte Esben sie umzustimmen. Er deutete auf die See. Dunkle Wolken waren aufgezogen, der Wind hatte aufgefrischt und peitschte die Wellen gegen den Strand.

Doch Juna ließ sich davon nicht einschüchtern und sah ihrem Freund fest in die Augen: »Führe mich zu den Wellenwandlern, Esben. Du kennst den Weg.«

»Das ist nicht so einfach, Juna…« Esben schien mit sich zu ringen.

Juna nahm seine Hand. Sie spürte, dass sie beide etwas Außergewöhnliches verband. So, als teilten sie das gleiche Schicksal. Warum sie das fühlte, wusste sie nicht. Schließlich waren sie sich überhaupt nicht ähnlich. Juna legte den verwirrenden Gedanken beiseite und bat ihn nochmals, ihr zu helfen.

Und zu ihrer großen Überraschung willigte Esben ein.

Fabisch, Alexandra
Waldwandler
ISBN 978 3 522 18614 8

Umschlagbild und Innenillustrationen: Angela Gstalter
Umschlagtypografie: formlabor
Satz: Bettina Wahl
Reproduktion: DIGIZWO GBR, Stuttgart
Druck und Bindung: GGP Media GmbH, Pößneck

2. Auflage 2023

DIESE SCHULE MACHT TRÄUME LEBENDIG!

Florian Beckerhoff

**Die Schule der
verrückten Träume**

208 Seiten · Gebunden · Band 1
ISBN 978-3-522-18584-4

Eine schwebende Riesen-Eistüte, ein sprechender Kater und
ein gigantischer Leuchter, der Träume zum Leben erweckt. Als
Johanna in der Schule der verrückten Träume ankommt, traut
sie ihren Augen kaum! Hier soll sie also lernen, ihre aufregenden
Traum-Abenteuer zu bändigen. Denn in diese Schule kommen
Kinder, die ein Problem mit dem Träumen haben. Auf Johanna
und ihre neuen Freunde wartet ein traumhafter Sommer voller
Magie und Abenteuer.

Lieblingsbücher fürs Leben.
www.thienemann-esslinger.de

Wenn die wilde Seite der Schüler erwacht ...

Martina Baumbach

Die Tierwandler 1:
Unser Lehrer ist ein Elch

192 Seiten · Gebunden
ISBN 978-3-522-18538-7

Merle und Finn sind baff: Sie werden vom Zwergschwein des neuen Lehrers für eine besondere Sport-AG ausgewählt!
Das allein wäre schon merkwürdig genug, doch dann verrät ihnen Herr Olsson die eigentliche Sensation: Sie sind Tierwandler und können sich in Tiere verwandeln! Jedes Kind lernt nun, in seiner Tiergestalt unterwegs zu sein. Doch plötzlich passieren in der Schule merkwürdige Dinge. Das erste Abenteuer für die Tierwandler beginnt!

Lieblingsbücher fürs Leben.
www.thienemann-esslinger.de